일본 고고박물관 개론

[일러두기]

- 이 책은 하마다 코사쿠가 1929년에 『박물관』이라는 제목으로 『일본아동문고』에 실은 글을 창원사(創元社)가 1941년에 『창원선서(創元選書)』로서 『고고학입문』으로 제목을 바꾸어 재출간한 것을 완역하고 역주한 것이다.

- 이 책의 문체는 하마다 코사쿠가 일반인을 대상으로 고고박물관의 유물을 통해 고고학을 널리 알리겠다는 의도에서 채택한 것을 그대로 살렸다.

- 이 책에서는 본문의 내용을 독자가 보다 잘 이해할 수 있도록 역주를 달아 각주로 처리했다.

- 이 책의 제목은 하마다 코사쿠의 의도를 고려하여 역자가 붙인 것이다. 이 책의 원래의 겉표지 제목은 『고고학입문』이지만, 본문 첫 페이지에는 "고고학입문-박물관-"으로 표기되어 있다. 이것은 창원사에서도 하마다 코사쿠의 집필 의도를 반영한 것으로 생각된다.

- 이 책의 차례 가운데 1), 2)…는 일본어 카타카나 イ), ロ)…로 되어 있는 것을 역자가 바꾼 것이다.

- 하마다 세이료(濱田靑陵)는 하마다 코사쿠의 호이다.

- 본문의 1촌(寸)은 약 3.55cm이고 1척(尺)은 10촌, 즉 35.5cm이다.

일본 고고考古박물관 개론

하마다 코사쿠濱田耕作 지음 · 최석영崔錫榮 역주

서경문화사

시작하는 말

나는 『박물관』이라는 제목으로 글을 쓰게 되었습니다만, 아무튼 박물관*이라고 해도 미술고고박물관도 있고 과학박물관도 있으며 그 외 여러 박물관이 있기에 그것을 한 마디로 설명하면 백과(百科)의 학을 강론하여 풀이하는 것이 되고 그것은 내가 할 수 없는 행위일 뿐만 아니라 한권의 책으로는 도저히

---

* 박물관이라는 용어는 서구의 museum을 1870년대에 일본의 지식인들이 번역한 것이다. 미일화친조약 체결 이후 1860년과 1862년에 각각 미국과 유럽의 문명을 둘러보고 그들이 견학한 museum의 특성에 비추어 그것을 백물소(百物所), 무기보장소(武器寶藏所), 고물유지관(古物有之館), 전관장(展觀場), 박물관(博物館) 등 여러 용어로 표현하였다. 이 가운데 갑신정변과 유길준과도 관련이 있고 일본의 게이오대학의 설립자로서 1988년부터 2024년 5월까지 일본 1만 엔 지폐의 인물이기도 했던 후쿠자와 유기치(福澤諭吉)가 『서양사정(西洋事情)』(1866년)을 발간하면서 museum을 "하쿠부츠칸(博物館)"으로 번역 정의하였는데 이는 당시 15만부가 발행되었으나 불법영인본까지 포함하여 판매된 것은 20만부에서 25만부라고 이야기 될 정도로 베스트셀러가 되었다. 1872년에 『영화대역사서(英和對譯辭書)』에 박물관이 등재된 이래 일반화되기 시작하였다. 椎名仙卓, 『日本博物館成立史：博覽會から博物館へ』, 雄山閣, 2005 참조. 아시아에서는 일본과 한국만 박물관이라는 용어를 사용하고 있고 중국과 대만에서는 박물관 외에 박물원(博物院)이라는 용어도 사용하고 있다. 굳이 가정하여 일본에 의한 조선 강점의 역사가 우리에게 없었다면 우리는 현재 museum에 대해 어떤 용어로 번역·사용하고 있을까. 그 용어의 역사성을 만나고 하더라도 박물관이라는 용어에 익숙해져 있는 나머지 우리식의 다른 용어를 만들어내는 데에는 시간이 걸릴 것이다. 박물관계 일부에서 문제가 제기되어 요즘은 그것을 아예 외래어처럼 '뮤지엄'으로 표기하려는 경향도 없지 않다. 아이러니하게도 일본 국내에서도 "하쿠부츠칸(博物館)"을 뮤지엄으로 표기하는 현상이 일어나고 있기도 하다.

담을 수 없습니다. 그러나 다행히 미술이나 자연과학에 관해서는 다른 여러 선생이 집필할 수 있다고 생각하여 나는 박물관 가운데 고고 박물관에 관한 것만 쓰기로 하고 이 한 권의 책으로 젊은이들에게 고고학에 관한 대체적인 이야기를 하려고 하였습니다. 다만 어느 정도 책의 제목이 『박물관』으로 되어 있기에 처음에 박물관 전체에 대해 약간 기술해 두고자 합니다.

    고고학에 관한 이야기를 하기 위해서는 무엇보다도 실물, 최소한의 사진이나 그림을 보지 않고서는 잘 모릅니다. 그래서 이 책에서도 비교적 많은 그림을 넣어 두었습니다. 이 가운데 시모지마 쇼사부로(霜島正三郎) 선생이 직접 그린 것도 있습니다만 편의상 내가 그린 졸작도 많이 있는 것은 용서를 바랄 수밖에 없습니다. 또 이 책을 쓰는 과정에서 마츠모토 류타로(松本龍太郎)씨에게 큰 신세를 졌기에 여기에서 깊이 그 예를 드립니다.

1929년 7월

하마다 세이료(濱田靑陵)

목차

시작하는 말 _ 4

제1. 서(序) _ 9

1. 박물관은 어떠한 곳입니까 ··· 9
  1) 박물관의 종류   _ 9
  2) 박물관의 시설   _ 12

2. 세계 각국의 큰 박물관 ·· 16
  1) 영국의 큰 박물관   _ 16
  2) 프랑스, 독일 그 외 박물관   _ 21
  3) 미국의 바물관   _ 25
  4) 세계에서 진기한 박물관   _ 28

제2. 고고박물관(상) _ 31

1. 고고학은 어떠한 학문입니까 ················· 31
   1) 고고학과 고고박물관　　　_ 31
   2) 인류의 시작　　　　　　　_ 33
   3) 문화의 3시대　　　　　　_ 37

2. 구석기시대의 방 ································ 40
   1) 구석기의 종류　　　　　　_ 40
   2) 구석기시대의 회화 등　　　_ 43

3. 신석기시대의 방 ································ 47
   1) 패총과 호상(湖上) 생활　　_ 47
   2) 마제석기와 토기　　　　　_ 50
   3) 거석기념물　　　　　　　_ 53
   4) 금속의 발견과 사용　　　　_ 57

제3. 고고박물관(하) _ 61

1. 일본 선사시대의 방 ···························· 61
   1) 일본의 석기시대　　　　　_ 61
   2) 패총, 묘지 등의 유적　　　_ 66
   3) 석기와 골각기　　　　　　_ 69
   4) 토기와 토우　　　　　　　_ 77

5) 조선과 중국의 석기　　　　　_ 81
　　6) 청동기와 동탁　　　　　　　_ 85

2. 일본 원사시대의 방 ·· 89
　　1) 일본의 고분　　　　　　　　_ 89
　　2) 하니와와 석인(石人)　　　　_ 93
　　3) 석관과 석실　　　　　　　　_ 98
　　4) 상고(上古)의 황릉　　　　　_ 103
　　5) 구옥(勾玉) 등의 옥류　　　　_ 107
　　6) 고경(古鏡)　　　　　　　　_ 110
　　7) 도검(刀劍)과 갑주(甲冑)　　_ 113
　　8) 마구, 토기 기타　　　　　　_ 116
　　9) 건축, 조각, 회화 등　　　　_ 121
　　10) 고와(古瓦), 고건축　　　　_ 124

3. 조선과 만주의 고분실 ··· 127
　　1) 남조선의 고분　　　　　　　_ 127
　　2) 북조선 및 만주의 고분　　　_ 132

후기(우메하라 쓰에치, 梅原末治) _ 137

• 역자 후기 : 『考古學入門』과의 조우 _ 140
• 찾아보기(인명 · 일반사항) _ 152

제1. 서(序)

1. 박물관은 어떠한 곳입니까

1) 박물관의 종류

여러분은 박물관을 본 적이 있습니까. 박물관에는 여러 아름다운 것이나 보기 드문 물품이 나열되어 있습니다. 여러분 중에는 박물관에 나열되어 있는 것은 돈으로 살 수 없다는 점이 다만 미츠코시(三越)[1]나 다이마루(大丸)[2] 등의 백화점과 다르다거나 박물관은 이러한 가게보다도

---

[1] 일본의 백화점 역사상 3번째로 그 역사의 시작을 알린 미츠코시는 미츠이가(三井家)의 미츠(三)와 1673년에 일본 의류업으로 문을 연 에츠고야(越後屋)의 코시(越)의 글자를 합친 명칭이다. 우리의 역사와도 관련이 있어 1904년에 주식회사 미츠코시 오복점(吳服店)을 설립하고 그 해에 처음으로 경성에 진출하였고 1928년에 (주)미츠코시로 이름을 바꾸고 1930년에는 미츠코시 경성지점을 열었다. 이처럼 일본의 식민지지배와 대륙 진출에 따라서 미츠코시 백화점도 식민지에 진출하여 자리를 잡았고 박람회 때에도 가건물을 세워 일본의 근대 문화를 확산시켰다. 백화점 미츠코시의 본점인 니본바시점(日本橋店) 건물은 일본의 중요문화재로 지정되어 있고 그 옥상에는 미츠이가를 지키는 신 우가노미타마노미코토(宇迦御魂之命, 곡물의 신)를 제사지내는 미메구리신사(三囲神社)가 있는 것이 특징이다. 和田博文,『三越 誕生!』, 筑摩書房, 2020 ; 일본야후 위키패디아 참조.

[2] 1717년에 교토에서 일본의 전통 의복을 판매하는 점포를 열면서 그 역사가 시작되었다. 현재는 교토 외에 오사카의 본점 신사이바시점(心斎橋店)과 우메다(梅田), 고베(神戸), 도쿄(東京), 삿뽀로(札幌)에 주력 지점을 두고 있고 연 매상이 1000억엔을 넘는 지점은 없으나 위 6개의 지점은 다이마루의 91퍼센트의 매상을 올리고 있어 주력의 지점으로서 역할을 하고 있다. 특히 본점과 고베점은 고급백화점으로서 칸사이(関西)에서 유명하다. 일본야후 위키패디아 참조.

재미있는 것이나 아름다운 것이 적은 곳이라고 생각하는 사람이 있을지도 모르겠습니다. 그러나 박물관과 백화점 간 차이는 결코 그러한 점만이 아닙니다. 백화점에서는 손님의 시선을 끌기 위해 아름다운 것이나 보기 드문 것을 대개 어떠한 질서도 없이 진열하고 있습니다만 박물관의 진열품은 모든 종류를 나누어 순서를 붙이고 그 물품에는 하나하나 알 수 있도록 설명을 하며 그것을 보면서 돌아보는 동안에 자연적으로 학문이 가능하도록 고안하고 있습니다. 그래서 박물관은 물품을 사기 위해 가는 곳도 아니고 놀러 가는 곳도 아닙니다. 여러분의 학교와 마찬가지로 공부하기도 하고 학문을 하는 장소입니다. 더욱이 학교와 다른 점은 박물관에는 선생이 없습니다. 또 시간도 1시간씩 정해서 공부하는 것과 같이 되어 있지 않기 때문에 누구든지 박물관에 간 사람은 자유롭게 공부가 가능하고 시간에 얽매인다는 갑갑한 생각이 없습니다. 그렇지만 선생과 같이 친절하게 가르쳐 주는 사람은 없고 쉬는 시간에 친구와 재미있게 놀 수 없기에 때로는 지루합니다.

박물관에는 여러분이 알고 있듯이 여러 물품들이 나열되어 있습니다만 대개는 어떤 종류만을 선택하여 진열되어 있습니다. 예를 들면 동경의 우에노(上野) 공원이나 나라(奈良)에 있는 제실박물관(帝室博物館)[3]

---

[3] 일본의 박물관역사는 에도시대의 교육기관이었던 유시마성당(湯島聖堂)에서 문을 연 문부성박물관(文部省博物館)으로 거슬러 올라간다. 이 박물관은 1873년에 오스트리아 빈에서 열리는 세계박람회에 초청을 받은 명치정부가 전국의 물품을 수집하고 그 한 해 전 1872년에 유시마성당에서 문부성박람회를 개최한 후 이를 상설전시화한 것이다. 오스트리아 빈 세계박람회가 끝난 후 우치야마시타쵸에 있는 나가야(長屋)로 박람회사무국을 옮긴 후 여기에서 박물관을 열었고 외무성에서 문부성으로 인사발령 조치를 받은 마치다 히시나리(町田久成)가 주축이 되어 동경 우에노 공원에 당시 일본 정부의 고용 교사로 와 있던 영국 건축가 콘더(J. Conder)의 설계로 박물관이 1882년에 신축되었다. 이것이 오늘날 국립동경박물관의 시작이다. 명치정부의 박물관 업무를 담당한 중앙부처는 문부성에서 내무성→농상무성→궁내성으로 옮겨졌다. 궁내성이 1886년부터 박물관 업무를 관장하면서부터 동경을 비롯하여 교토와 나라에 세워진 박물관을 제국박물관으로 불렀다가 명칭을 제실박물관으로 변경하였다.

이나 교토의 은사교토박물관(恩賜京都博物館)4), 오사카(大阪) 천왕사(天王寺) 공원의 미술관5) 등에는 오래된 회화·조각·도자기 등과 같은 미술품만이 진열되어 있습니다. 이처럼 미술품만을 진열하는 박물관을 미술박물관 혹은 생략하여 미술관이라고도 부릅니다. 그 다음 역사와 관련이 있는 물품만을 진열한 박물관은 역사박물관이라고 합니다. 또 광물이나 동·식물과 같은 박물학(博物學)에 관련한 표본의 종류만을 진열하고 있는 곳은 박물학박물관이라고 말할 수 있습니다. 그 밖에 조개껍질만을 진열한 조개류박물관, 전기와 관련한 것을 진열한 전기박물관과 같이 진열품의 종류는 많든 적든 마음대로 구별할 수 있습니다.6)

우리들의 지식을 넓히고 학문의 대상이 되는 물품은 천차만별이고 그 종류는 실로 무한히 많기 때문에 이것을 모두 한 장소에 모아 진열하는 것이 쉽지 않고 또 그러한 박물관을 만드는 데에는 매우 큰 건물이 필요하며 그것을 보면서 돌아보는 데도 이틀, 삼일이나 걸리고 오히려 불편하게 됩니다. 그래서 세계의 어느 국가도 진열 물품의 종류에 의하여 박물관을 나누고 있습니다.

제1도 동경제실박물관

4) 교토제실박물관은 1924년에 황태자(이후 소화천황)의 성혼을 기념하여 은사교토박물관으로 개칭되었다.

5) 천왕사 공원에는 1914년에 스미토모가(住友家)의 저택이 세워졌는데, 이후 스미토모가에서 미술관의 건설을 목적으로 부지를 기증하여 1927년 12월에 미술관 건립 공사에 착수하였으나 세계경제공황의 여파로 중단하였다가 1936년에 개관하였다. 하마다는 건설 중의 미술관에 관해 언급한 것으로 문장 내용상 약간의 오류가 보인다.

6) 하마다는 진열품의 종류를 "마음대로 구별할 수 있습니다"라고 기술하고 있으나 제3자가 보면 그것은 임의적인 것처럼 보일 수 있다. 그러나 박물관이 개관될 때 박물관의 목적이라고 하여 박물관의 미션(mission)이 정해지고 이에 따라서 박물관의 수집품이 형성되며 전시도 이 미션에 맞추어 이루어진다. 이 점에서 박물관의 전시 유물은 "마음대로 구별할 수" 있는 것이 아니라 박물관 미션에 따라서 구별된다.

제2도 은사교토박물관

그래서 크게 구별하는 경우는 대개 앞서 언급한 미술이나 역사와 관련한 것을 하나로 모아 놓은 것과 박물학에 관련한 것을 하나로 모아 놓은 것으로 크게 두 종류로 구별하고 이 두 박물관이 대개 각각 다른 장소에 세워져 있습니다. 그 외 진열품을 작게 구별한 특별한 박물관이 많이 있는 것은 말할 필요도 없습니다. 물론 큰 박물관의 건축물은 멋지고 그 국가나 거리의 장식물로서는 좋습니다만 이것을 구경하는 사람들이나 공부하는 사람들에게는 불편함이 많기에 그보다도 작은 박물관에서 내용이 정리된 쪽이 좋습니다. 마침 여러분의 학교의 경우도 너무 큰 학교는 오히려 공부에 불편한 점이 있는 것과 마찬가지입니다.[7]

---

7) 하마다에게 박물관은 주제별로 컬렉션을 수집하고 이를 전시하고 있는 박물관이 언뜻 보기에는 이해하기 쉽고 연구하기에 편리한 것은 맞을 수 있으나, 사물을 이해하거나 연구하는 활동은 종합적이고 총체적일 때 객관적일 수 있다. 따라서 하마다가 종류별 박물관이 둘러보는 데에도 공부를 하는 데에도 편리하다는 점을 이야기하다가 그것을 학교에 비유하여 "큰 학교는 오히려 공부에 불편한 점이 있다"고 서술하고 있는 이유에 대해서는 언뜻 이해가 되지 않는다. 박물관과 학교는 그 기능이 다른 것이다. 종합대학은 "오히려 공부에 불편한 점이 있다"는 말인가.

2) 박물관의 시설

박물관은 맨 처음 언급했듯이 다만 보기 드문 것이나 아름다운 것을 많이 나열한다는 것이 아니라 연대순 혹은 지방별로 물품을 순서에 따라 계통을 세워 진열하고 이것을 보는 사람이 지식을 넓히고 학문을 하기 위해 만들어진 것이기 때문에 박물관이 좋고 나쁨은 그 곳에 나열되어 있는 것이 많은가 적은가 하는 것보다도 그 나열방식이 잘 되어 있는

가 하는 것입니다. 그러므로 아무리 보기 드문 것이 많고 또 좋은 것이 많이 진열되어 있어도 그 나열방식에 질서가 없고 엉망으로 되어 있어서는 학문을 하는 데에는 어떠한 도움도 되지 않는 것입니다. 정말로 좋은 박물관은 지금 이야기한 것처럼 물품의 나열방식이 계통적으로 되어 있고 거기에 나열되어 있는 물품의 목록이 완전하게 만들어져 있지 않으면 안 됩니다. 그렇게 되지 않으면 우리들은 박물관에서 지식을 넓히고 공부하는 것이 좋은 상태가 아닙니다. 그래서 박물관에는 어떠하든 하나하나의 물품 이름, 그 외 필요한 내용을 써놓은 목록이 출간되어 있지 않으면 안 되고 그 목록 가운데에는 물품에 대한 간단한 설명과 필요에 따라 도화(圖畵)와 같은 것도 포함되지 않으면 안 됩니다.8) 세계 각국의 큰 박물관에서는 모두 이러한 멋진 목록이 출간되어 있기 때문에 박물관에 가는 사람은 이 목록을 싸게 구입할 수가 있고 그 목록과 나열되어 있는 물품을 서로 견주어가면서 쉽게 연구할 수가 있습니다.

8) 박물관에서는 박물관을 찾는 관람자들에게 박물관의 연혁, 전시실 안내, 관람 편의 사항 등을 일목요연하게 소개하는 '박물관 팸플릿'을 다국어로 출간하여 비치해 놓으면 관람자들이 자유롭게 가지고 가서 이를 이용한다. 뮤지엄 샵에서는 박물관의 상설전시에 관한 도록도 판매를 한다. 그러나 하마다가 이 책을 썼을 당시의 세계 박물관에서는 오늘날의 박물관 운영과 달랐기 때문에 하마다의 서술은 박물관의 발달사를 연구하는 데 참고가 된다. 아마도 하마다는 관람자에게 박물관이 편의 제공의 필요성을 언급하고 있으나, 박물관마다 관람자에 대한 시선이 달랐고 그에 따라 관람자들을 위한 편의 제공을 위해 노력하는 양상 또한 차이가 있었다.

박물관에서는 또 목록 책자 외에 진열품에 대해 가볍게 알 수 있도록 여러 책자가 출간되어 있기도 하고 그림엽서 등도 만들어져 있으며 보는 사람이 그것을 쉽게 구입하여 기념하기도 하고 또 그것은 후일 추억의 단서가 되기도 합니다. 그림엽서보다도 큰 사진이 필요한 사람들에게는 희망에 따라서 각 사진을 살 수도 있게 되어 있습니다. 특히 박물관에서는 밖에서 오는 사람들이나 학자들이 연구할 수 있도록 할 뿐만 아니라 박물관에 있는 사람 자신이 그 진열품을 이용하여 연구를 거듭하고 그것에 관한 훌륭한 책자를 계속 출간하고 있는 예가 많이 있습니다.9) 이렇게 목록이나 그 외 책자들이 출간되어 연구의 결과가 발표되지 않으면 진정으로 박물관의 역할은 달성될 수 없는

제3도 나라제실박물관   제4도 조선총독부박물관10)

9) 박물관의 여러 사업 중에는 출판사업이 있다. 이 사업은 박물관의 연구능력을 보여주는 징표가 된다. 박물관의 큐레이터들은 컬렉션을 조사 연구하여 박물관 밖의 연구자들에게 그 성과를 발신한다. 박물관의 연구기능은 박물관의 다른 기능(전시와 교육 등)의 활성화에 큰 영향을 끼친다. 전시와 교육은 박물관의 연구 성과에 토대를 하는 것이다. 그만큼 박물관의 연구 기능은 기계로 비유하자면 엔진과 같은 것이다. 박물관에서 큐레이터의 자질이 중요한 이유가 바로 여기에 있다.

10) 조선총독부박물관은 일제의 조선 강점 이후 처음으로 경복궁에서 개최된 박람회로서 조선물산공진회(1915.9.11.~10.30)의 산물이다. 조선물산공진회가 종료된 이후 공진회 때 미술관 본관으로 사용한 영구적인 건물을 같은 해 12월 1일에 이름을 바꾸어 조선총독부박물관으로 개관하였다. 개관 초기에는 전시 유물이 적었으나 고적발굴사업 5개년 계획을 수립하여 그 출토 성과들을 일본으로 반출하기도 하였으나 조선총독부박물관의 전시물로 충당했다. 1926년에 그 상설전시가 삼국시대에 일본 역사와의 교류, 낙랑을 통한 한사군에 의한 지배 등을 강조하는 등 식민지사관을 표상하게 된다. 1926년부터 박물관의 기관지로서 『박물관보』를 발간했다. 또한 같은 해에 분관으로서 경주분관을 개관한 데 이어서 1939년에는 또 다른 분관으로서 부여분관을 개관했다. 1930년대에는 일제의 대륙침략(만주사변과 중일전쟁)에 부합하면서 1933년 11월 1일부터 1주일을 <박물관주간(博物館週間)>으로 정하여 식민지사관의 시각적 표상공간으로서 박물관을 보다 많이 관람할 수 있도록 관람료 힐인 외에 시국 관련 강연회 등을 열기도 하였다. 특별진시도 개최를 하였는데 내신관계특별진(内鮮關係特別展)이라고 하여 조선 국내에서 출토된 유물과 일본 국내에서 출토된 유물 가운데 형태가 유사한 것들만을 선택하여 전시함으로써 내선일체를 강조하여 일제의 국책을 옹호하는 역할을 하기도 하였다. 국립박물관은 이러한 역할을 수행했던 조선총독부박물관의 상설전시를 교체할 겨를도 없이 광복 이후 1945년 12월 3일에 이어받아서 개관을 하였다. 개관 당시 국립박물관 밑에 경주분관, 부여분관, 공주분관, 개성분관을 두었다. 최석영(역자), 『한국박물관역사 100년 : 진단과 전망』, 민속원, 2008 참조.

것입니다. 큰 박물관을 만드는 것은 자금조차 있으면 용이합니다만 좋은 박물관을 만드는 것은 돈 이외에 특히 지식이 필요하기 때문에 그것이 없으면 어느 정도 곤란하게 됩니다.

또 박물관이 학문을 하기에 아무리 상황이 좋아도 박물관 내의 설비가 구비되어 있지 않으면 소용이 없습니다. 겨울의 추운 날에 난방이 없기라도 하면 춥기 때문에 차분하게 공부를 할 수 없는 것입니다. 서양의 큰 박물관에서는 좋은 목록이나 좋은 연구 책자가 출판되어 있을 뿐만 아니라 박물관 내 설비도 완전하게 되어 있어 쾌적하게 관람할 수 있도록 되어 있습니다. 대체적으로 전시실에는 기분이 좋은 긴 의자가 놓여 있고 보는 사람은 천천히 쉬면서 아름다운 그림을 보기도 하고 조각을 즐기며 감상할 수도 있고 또 난방이 있기 때문에 겨울에도 박물관 안에서는 봄과 같이 따뜻하게 활동할 수 있습니다. 그리고 대개 박물관의 지하실에는 편리한 식당, 커피 카페 등이 있어 식사도 할 수 있고 차도 마실 수 있도록 되어 있기에 야외 운동을 하지 않는 사람들은 일요일에는 교회에서 박물

제5도 관동주 여순박물관[11]

---

[11] 여순박물관은 중화인민공화국 요령성 다이롄시(大連市) 여순구구(口區)에 있다. 일본 서본원사의 법주 오타니 코즈(大谷光瑞)의 탐험대의 제2차 탐험대가 투르판에서 발굴한 미라 등도 소장하고 있는데 관내에서는 이에 대한 촬영은 금지되어 있다. 역사적으로 관동도독부에서 소련과 중국으로 그 소관이 변경되면서 박물관의 이름이 여러 차례 바뀌었다. 1915년 11월에 물산진열소로 문을 연 이래 1917년 4월에 관동도독부 만몽물산관(滿蒙物産館)으로 개칭하였고 1934년 12월에 이르러 여순박물관(旅順博物館)으로 이름을 바꾸었다. 일제의 패전 이후 1945년 8월에 소련에게 접수된 후 여순동방문화박물관(旅順東方文化博物館)으로 개칭되었다. 1951년 1월에는 소련에서 중국정부로 반환된 이후 다음 해 12월에 여순역사문화박물관(旅順歷史文化博物館)으로 개칭되었고 1972년 5월 문화대혁명으로 일시 폐관되었다가 개관하여 오늘날에 이르고 있다. 일본 야후저팬 위키패디아 참조.

12) 궁내성(宮內省)이 농상무성으로부터 1886년부터 박물관을 이관받은 이후 1889년에 박물관의 명칭을 도쿄의 우에노(上野) 박물관을 제국박물관(콘더 J. Condor 설계)으로 바꾸었다. 1895년에 나라(奈良)제국박물관(가타야마 토쿠마片山東熊 설계), 1897년에 교토(京都)제국박물관(가타야마 토쿠마片山東熊 설계)을 세웠고, 1900년에는 이 세 제국(帝國)박물관을 제실(帝室)박물관으로 변경했다. 제실박물관이라는 명칭은 1947년까지 사용했고 오늘날에는 각각 국립도쿄박물관, 국립교토박물관, 국립나라박물관으로 불리고 있고 최근에 국립큐슈(九州)박물관의 설립 운영되고 있다.

관으로 와서 하루를 유쾌하게 지냅니다. 일본에서도 최근 생긴 도쿄 우에노(上野)의 제실박물관(帝室博物館)12)에는 이러한 설비가 있습니다만 여전히 충분하다고는 말할 수 없습니다. 장래 건설되는 박물관에는 더욱 이러한 설비를 갖출 필요가 있다고 생각합니다. 그렇지 않으면 즐겁게 박물관에 가는 사람도 없고 박물관은 학교의 교실보다도 더욱 무취미한 곳이 되어 버리게 될 것입니다.

2. 세계 각국의 큰 박물관

1) 영국의 큰 박물관

일본에서 학교는 대도시는 물론 시골이나 촌에도 멋진 것이 많이 있어 일본처럼 학교가 잘 갖춘 국가는 세계 가운데에서도 적다고 말하고 있습니다. 그것에 반하여 학교의 이름은 없어도 학교와 같은 역할을 하는 박물관은 실로 빈약하여 겨우 도쿄에 한 개의 과학박물관, 도쿄·교토·나라·오사카의 네 곳에 미술박물관13)이 있는 것 외에 박물관이라고 할 만한 것이 없는 것은 매우 유감입니다. 이것은 일본인이 아직 학문을 하는 데 학교만으로 충분하냐는 잘못된 생각을 하고 있는 데에서 오는 것입니다. 앞으로는 학교 외에 도서관이나 박물관이 학교와 마찬가지로 일본 여기저기에 생겨서

13) 하마다가 역사·고고·미술을 미션으로 하는 박물관인 당시의 제실박물관을 "미술박물관"이라고 서술하고 있는 것은 주목할 만하다. 그만큼 제실박물관은 감상의 박물관으로서 그 기능을 하고 있었다는 것을 의미한다. 그러나 오사카에 있는 미술박물관이 구체적으로 무엇인지가 궁금하다.

학교에서 선생으로부터 학문을 배우면서 또 학교를 나와서는 모두 스스로 도서관이나 박물관에 가서 학문을 하도록 하지 않으면 안 된다고 생각합니다.

현재 일본에 있는 박물관은 그 수가 적을 뿐만 아니라 유감이지만 세계에 내놓아 뛰어난 박물관이라고는 말할 수 없습니다. 그래서 세계 굴지의 박물관이라고 하면 어떻든 서양에 있는 것을 언급하지 않을 수 없습니다. 그러나 어느 국가의 박물관이 가장 좋은가 하는 것은 쉽게 단언할 수는 없습니다. 각 박물관에는 각각의 특색이 있고 건축물이 비교적 볼품이 없어도 진열품에 뛰어난 것이 많다든가 진열 방법이 좋다든가 여러 사정이 있어 박물관의 우열을 정하는 것은 곤란합니다. 무엇이라고 해도 유럽에서 유명한 박물관은 가장 우선 영국의 런던에 있는 대영박물관(大英博物館)[14]을 들 수 있습니다. 이 박물

┃ 제6도 런던 대영박물관

---

14) 영국사에서 최초의 근대박물관은 옥스퍼드대학의 애쉬몰리언박물관(Ashmolean Museum)이다. 이것은 솔즈베리 백작과 버킹엄 공작 등 귀족들의 정원사였던 트레데스칸트(John Tradescant) 부자가 수집한 것이 호고가 애쉬몰에게 양도되었고 엘리아스 애쉬몰(E. Ashmole)은 이를 옥스퍼드대학에 기증함으로써 자연사박물관으로서 애쉬몰박물관이 1683년에 설립되었다. 이 박물관은 세계 박물관 역사상 최초의 근대박물관으로 평가되기도 한다. 이어서 영국에서 The British Museum이 문을 열게 되는데 일본에서는 흔히 이 박물관을 "대영(大英)박물관"이라고 부른다. 이 명칭은 일본에서 당시 the Great Britain을 대영제국이라고 부르기도 했던 것을 반영한 것이다. 우리나라에서는 런던박물관 또는 대영박물관으로 부르고 있다. 정식명칭은 The British Museum이다. 따라서 영국박물관이라고 부르는 것이 맞지 않나 생각한다. 이 박물관의 개관은 1753년에 한스 슬론경(Sir Hans Sloane) 등의 유물 기증에 의하여 그 컬렉션을 소장하기 위한 의회법(Act of Parliament)에 의한 것이었다. 한스 슬론경은 의사이면서 과학자이고 컬렉터였다. 그는 서인도제도의 자메이카 섬에서 식물과 자연 관련 컬렉션을 하게 되는데 슬론이 당시 영국의 지배 하에 있던 자메이카 총독의 주치의에 임명되었고 거기에다가 자메이카 농장주의 과부와 결혼을 함으로써 컬렉팅을 하는 데 큰 어려움이 없었다. 그의 수집품은 4만점이 된 고서를 비롯하

관은 미술과 역사에 관한 물품만을 수집한 박물관으로서 지금으로부터 4천년이나 5천년이나 이전에 역사가 시작된 이집트나 앗시리아, 그리고 그 후 그리스, 로마시대의 문화를 보여 주는 고미술품은 물론이고 인도, 중국(본문에는 지나 : 역자), 일본과 같은 동양 국가들의 것도 다수이면서 게다가 뛰어난 것들을 수집했습니다. 이 박물관에서 가장 진기한 것이 무엇인가를 물으면 그것을 대답하기에는 당혹스럽습니다만 이집트, 그리스, 앗시리아의 고미술품은 세계의 어느 박물관에서도 그것보다 나은 것은 적다고 이야기되고 있습니다. 이집트의 상형 문자를 읽기 시작한 단서가 된 "로제타 스톤[15]", 유명한 그리스의 "파르테논"이라는 전여 중국 회화, 미국원주민의 골동품, 르네상스 메달, 서인도제도의 식물과 자연 관련 유물 등 약 7만 1천여 점에 달했다. 또 하원의원이면서 골동품 수집가였던 코튼(R. Cotton), 백작 할리(R. Harley)는 서적들을 기증했다. 한스 슬론은 자메이카에 머물면서 그 곳의 초콜릿에 밀크를 섞어 만든 자신의 이름을 띤 밀크 초콜릿바를 출시하기도 했고 현재도 판매되고 있다. 이것은 과연 과학자다운 면모이다. 한스 슬론의 유언에 따라서 그의 컬렉션은 조지 2세에게 2만 파운드로 양도되었다. 이러한 양도 또는 기증된 컬렉션을 수장할 공간이 물색되었는데 불룸즈베리에 있는 프랑스식 맨션 몬테규하우스(Montagu House)로 결정되었다. 그 후 현재의 장소에 고전양식의 건물을 신축하여 오늘날에 이르고 있다. 처음에는 박물관에 관람을 신청하면 관람증을 발급해 주었는데 여기에는 관람 티켓 발급자 이름, 관람 시간이 표기되어 있었다. 이 박물관은 처음 대형 도서관을 구비하여 여기에서 마르크스가 자료 조사를 하면서 그 유명한 자본론(Das Kapital)을 저술하기도 했다. 현재도 박물관의 한 가운데에 라운드 리딩룸(Round Reading Room)이 자리하고 있다. 일본의 박물관 역사상 최초로 우에노공원에 박물관을 신축(설계자 : 콘더) 개관을 이끈 마치다 히사나리(町田久成)가 영국 유학 중에 이 박물관을 보고 크게 감명을 받았다. 이렇게 영국의 The British Museum은 문화사적으로 끼친 영향이 적지 않다. David A. Wilson, *The British Museum*, British Museum Publications, 1989 ; (사)한국박물관학회 편, 『인류에게 왜 박물관이 필요했을까』, 민속원, 2013 참조.

15) Rosseta Stone. 로제타스톤(또는 로제타석)이라는 명칭은 이집트의 지명을 따서 붙인 것이다. 나폴레옹은 프랑스대혁명 이후 자유의 개념을 확대하고 1517년 2월에 오토만 투르크의 침입으로 그 지배를 받고 있던 이집트를 합병할 목적으로 1799년에 167명의 전문가 등을 포함한 원정대를 이끌고 이집트 정복에 나섰다. 그에게 이집트 원정은 단순한 정복 전쟁이 아니라 문화적이고 과학적인 사건이었다. 나일강 델타지역의 엘 라시드(El-Rashid)에서 7월 15일에 프랑스 대위 피에르 프랑수아 부샤르(Pierre-François Bouchard)에 의하여 우연히 돌이 발견되었다. 그 현무암 위에는 같은 내용을 세 가지 문자(상형문자, 민용문자, 그리스문자)로 새겨져 있었다. 그들은 탁본을 했고 그리스어 부분을 번역을 하였다. 나일강에서 영국과 프랑스의 전투에서 프랑스가 패배하였고 영국은 전리품으로 이 로제타 스톤을 가지고 가게 된다. 이 로제타 스톤은 1802년부터 영국의 The British Museum에 전시되어 있다. 이집트에서는 이에 대한 반환을 지속적으로 요구하고 있는 중이다. 이집트 현장에는 복제품이

당에 있던 멋진 조각16)도 거기에 있습니다. 그것만으로도 얼마나 진기한 것이 있는가 하는 것을 추찰해 볼 수 있습니다. 그리고 이 박물관에는 또 훌륭한 도서관이 조성되어 있어 공부하는 데에는 그야말로 형편이 좋습니다. 이곳을 일단 구경하는 것만으로도 하루가 걸립니다만 입장은 무료17)이고 우산이나 지팡이를 맡겨 달라고 해도 돈은 받지 않습

세워져 있다. 샹폴리옹(J. F. Champollian)은 특정한 소리나 소리군을 나타낸다는 점에 착안하여 로제타 스톤에 새겨진 상형문자의 해독에 성공한다. 그 후 샹폴리옹은 루브르박물관의 이집트 전시실의 초대 큐레이터가 되었다. 기원전 196년에 이집트 왕 프톨레마이오스 5세가 내린 법령이었다. Andrew Roberts, *Napoleon : A life*, Penguin Book, 2014 ; C. Catling & P. Bahn, *Archaeology : An Illustrated Encyclopedia*, Lorenz Books, 2022 ; 이희철, 『오스만 제국 600년사』, 푸른역사, 2022 참조.

16) 파르테논은 1946년에 창립된 유네스코(UNESCO, 유엔 산하기구)에 의하여 세계문화유산 제1호로 지정되었고 유네스코의 로고 심벌이기도 하다. 하마다는 그리스 파르테논에서 가져온 조각을 "멋지다"라고 표현하고 있으나, 이는 영국의 입장을 고려한 것으로 생각된다. 로제타 스톤과 같이 왜 엘긴 마블(Elgin Marbles. 파르테논 조각)이 영국의 The British Museum에 전시되어 있는가. 당시 그리스는 오토만 제국이 지배를 하고 있었고 그리스 주재 영국대사로 부임하게 된 엘긴(Sir Elgin) 경은 스코트랜드에 있는 자신의 저택에 장식을 위해 파르테논의 조각품들에 대해 처음에는 모사도 생각을 하고 있었으나 오토만 제국의 허가를 얻고 이를 떼어갈 계획을 세우게 된다. 그러나 정식적인 절차를 밟지 않은 채 파르테논의 조각들을 떼어가기로 결심하고 이를 결행한다. 그러나 이것으로써 가산이 탕진되고 아내와 이혼을 하게 된 그는 이 두상과 팔 등이 잘린 조각품들을 The British Museum에 매각을 신청하게 된다. 그가 신청한 파르테논 신전의 조각품 매각 여부를 둘러싸고 의회에서 청문회까지 열렸고 그 조각품의 불법여부를 그에게 캐물었다. 그는 불법은 아니었다고 강변하였고 결국 의회는 요청액 7천 5백 파운드보다 낮은 3천 5백 파운드에 매입하기로 결정을 내리게 된다. 그리스가 독립한 이래 영국에게 그 조각품들의 반환을 지속적으로 요구하고 있으나 영국은 국제주의를 앞세워 요구에 응하지 않고 있다. 그러나 세계박물관협의회(ICOM)에서 1986년 11월 4일에 아르헨티나 부에노스아이레스에서 개최한 제15회 총회에서 만장일치로 채택한 박물관윤리강령에 의하여 원산국으로 문화유산을 돌려줌으로써 원산국의 역사 복원에 협력하지 않으면 안 될 것이다.

17) 한스 슬론은 그의 컬렉션을 영국 정부에 양도하면서 자신의 컬렉션의 관람은 무료로 할 것을 유언에 남김으로써 현재도 그의 유언에 따라 박물관 관람은 무료이다. 한국에서도 유럽에서 영국의 The British Museum 등과 같이 박물관 관람을 무료로 하고 있는 예를 참고하여 국립박물관·미술관은 상설전시의 경우에 한하여 무료로 운영하고 있다. 박물관 정책을 수립할 때 외국의 사례를 참고하는 것은 의미가 있으나 이것을 적용할 것인가의 여부를 결정할 때는 신중할 필요가 있다. 우리의 정책의 현실성과 목적성, 유효성, 합리성에 부합하도록 종합적으로 판단할 필요가 있다. 미국에서는 스미소니언박물관과 같이 기증자(제임스 스미손, James Smithson. 영국인)의 유언에 따라 무료로 운영은 하되, 관람자들이 의지와 희망에 따라 정한 입장료를 자유롭게 기부하도록 문구를 적어 놓고 있다. 박물관 관람 시 관람자가 관람료를 지불하는 것은 상징적인 의미를 갖는다. 박물관의 문화유산에 대해 관람료를 통하여 감사의 뜻뿐만 아니라 박물관(더 크게는 정부)이 문화유산을 귀중하게 보존 관리하여 박물관이 지속될 수 있도록 하는 데 조금이나마 도움이 되겠다는 의지를 표시한 것이기도 하다.

니다. 매일 구경이나 공부를 위해 입장하는 사람들은 매우 많고 마치 박람회에 갔을 때처럼 북적거립니다. 대영박물관이 오로지 고대의 것을 수집하고 있는 것에 대해 지금 약간 새로운 시대의 미술품이나 역사에 관한 것을 진열한 빅토리아 앨버트박물관[18])이 런던에 있습니다. 그 크기도 대영박물관과 어깨를 견줄 만한 정도로 멋진 박물관입니다.

제7도 런던 사우스 켄싱톤박물관

앞의 두 박물관은 미술과 역사 방면에 관한 것입니다만 런던에는 박물학의 방면에서 큰 박물관도 있습니다. 그것은 사우스 켄싱톤박물관[19])입니다. 여기에는 동·식·광물을 비롯하여 이과에 관한 표본이 완비되어 있습니다. 그리고 아이들이나 초심자를 위해 여러 흥미를 일으킬 수 있도록 진열되어 있기 때문에

18) 정식명칭은 Victoria & Albert Museum이다. 보통 V&A로 불리는 이 박물관은 1851년 영국 하이드파크에서 세계 최초의 박람회로서 개최된 런던박람회의 산물이다. 19세기에 프랑스 국내에서는 산업을 주제로 한 산업박람회를 여러 차례 개최하였으나 그것을 국제적인 수준의 박람회로 확대할 생각은 없었다. 그러나 영국은 이러한 프랑스의 박람회 사업에 착안하여 자유무역을 표방하면서 런던세계박람회를 구상하게 된다. 1851년 제1회 런던세계박람회(Exhibition of the Industry of All Nations)가 하이드파크에서 수정궁(crystal palace)을 짓고 개최되었고 성공을 거두었다. 수정궁은 박람회 후 1854년에 시덴함(Sydenham)으로 옮겨 놓았다가 1936년에 불에 타 전소되어 지금은 거리 이름만 남아있는 수정궁이라는 전시실로도 유명하다. 사우스 켄싱톤에는 런던박람회가 성공적으로 개최된 이후 제조업박물관(Museum of Manufactures)을 창립하고 이를 디자인학교의 컬렉션과 결합하여 사우스 켄싱턴(South Kenington)박물관이 건립되었는데 이것이 바로 빅토리아 앤 앨버트 박물관의 전신이다. 이 박물관은 빅토리아 여왕과 그 부군 앨버트공과 관련된 것으로 박물관 입구의 문루의 맨 위 상단에 빅토리아 여왕, 그 아래에는 앨버트공이 위치하고 있다. 이 박물관의 목적은 장식명품과 전시하고 이를 영국 국민을 위한 교육, 학술, 대중화의 자료로 활용하는 데 있다. 빅토리아 앤 앨버트박물관의 전시물 가운데에는 인도 내친(親)프랑스 왕국으로서 마이소르(Mysore)왕국이 호랑이가 영국군인의 목을 조르고 있는 모습의 목제 오르간 <티푸의 호랑이>가 있다. 이 전시물이 빅토리아 앤 앨버트 박물관에 전시되어 있는 이유는 영국이 이 마이소르 왕국을 1894년 3월에 습격하여 티푸 술탄을 죽이고 이 목제오르간을 약탈했기 때문이다.
19) 앞의 주 18 참조.

학생들도 많이 보러 갑니다. 예를 들면 곤충 표본실에 들어가 보면 보기 드문 나비들이나 갑충(甲蟲 : 딱정벌레 등 - 역자) 등 진기한 종류들이 놀라울 정도로 많이 수집되어 있습니다. 또 전시실의 양쪽 벽 가까운 곳에는 수백의 많은 서랍이 있는데 거기에는 종류별로 정리한 곤충 표본들이 가득하여 누구라도 자유롭게 그 서랍을 꺼내 볼 수가 있기 때문에 자유롭게 공부할 수 있는 설비를 갖추고 있습니다. 그 외에 큰 동물 표본에는 코끼리나 고래도 있고 광물이나 식물 표본도 완벽하게 정돈되어 있는 것은 물론입니다. 특히 런던에는 고대의 회화만을 수집한 박물관, 초상화를 전문적으로 진열한 박물관, 런던시에 관한 역사 재료를 수집한 박물관, 인도에 관한 자료만을 모은 박물관, 이전부터 오늘날까지 전쟁에 사용한 무기만을 진열한 박물관 · 기차 · 기선 · 전차 · 비행기와 같은 교통에 관한 기계들을 수집한 박물관 등이 여기저기에 많이 있습니다만 이러한 것들을 대강 구경하고 걷기만 해도 런던에서 1주일 정도는 걸립니다. 런던 외에는 스코틀랜드의 애딘버러를 비롯하여 영국의 대도시, 지방의 거리나 촌에 있는 박물관을 하나하나 든다면 수백이나 될 정도입니다. 게다가 런던 외의 마을에도 일본의 주된 박물관 정도의 것이 많이 있는 것은 무엇인가 부럽습니다.

2) 프랑스, 독일 그 외 박물관

프랑스의 수도 파리에도 런던에 뒤떨어지지 않을 정도의 큰 박물관이 있습니다. 그것은 루브르박물관[20]입니다. 여기에는 고대의 미술이나 역사에 관한 물품이 진열되어 있습니다만 그 중에서도 그리스의 조각이나 앗시리아 · 이집트 등의 오래된 물품은 세계에 그 예가 없을 정도로 훌륭한 것들이 수집21)되어 진열품의 가치가 있다는 점에서 보아도 대영박물관에 결코 뒤처지지 않습니다. 루브르에는 도서관이 부설되어 있지 않는 대신에 오래된 회화의 박물관이 포함되어 있습니다. 특히 이 오래된 그림은 어깨를 나란히 할 수 없을 정도라고 이야기되고 있습니다. 다만 이 박물관은 오래된 건축물을 그대로 사용하고 있기 때문에

20) 루브르박물관의 탄생은 영국의 The British Museum의 등장과정과는 크게 다르다. 필리페(Philippe) 2세는 십자군 원정에 나가 있는 동안 프랑스 파리에 영국 등의 침략에 대비하여 1193년에 요새 건설을 명하였고, 파리 외곽을 성벽으로 두르게 된다. 샤를(Charles) 5세는 1364년에 프랑스의 시테섬에 있던 궁전을 루브르 궁으로 이전을 계획한다. 그러나 요새가 확장되면서 1380년경에 루브르궁은 파리 시내로 편입이 되었고 이 요새를 궁전으로 리모델링을 하게 된다. 이 리모델링을 담당한 건축가는 피에르 레스코(Pierre Lescot)이다. 앙리(Henri) 4세는 낭트칙령의 발포와 함께 종교적 갈등에 종지부를 찍고 파리시를 영구적인 도시로 변모시켜 여기에 왕의 권력을 집중시키고 또 루브르궁을 강력한 왕권을 강조하는 군주제의 상징으로 변모시키고자 했다. 루이(Louis) 14세가 갑자기 이를 궁전으로 사용하지 않고 보다 안전을 도모하기 위해 베르사유에 궁전을 신축하기로 결정함에 따라서 궁전으로 리모델링을 한 건물을 예술가들의 왕립 회화 조각 아카데미를 열거나 조각 등을 전시하는 공간으로 사용을 하다가 1789년 프랑스 대혁명을 계기로 1793년에 루브르궁의 소장품을 일반에게 공개하게 되었다. 이런 과정을 거쳐 루브르박물관이 탄생하였고, 그 후 나폴레옹에 의한 전쟁과 식민지화를 통해 약탈한 타국의 문화재가 루브르박물관에 전시되기 시작하였다.
21) 하마다는 서구의 박물관을 서술하면서 문화재 약탈의 역사에 대해서는 전혀 언급하고 있지 않다. 하마다에게는 탈맥락화, 탈역사화를 비롯하여 서구 제국의 약탈의 역사에는 눈을 감고 있는 이유가 있을까. 루브르박물관과 The British Museum에 전시되어 있는 유물들의 많은 것들은 전쟁과 식민지배를 통한 약탈행위와 깊은 관련이 있다. 중동 또는 서남아시아로 불리는 '근동'은 수메르, 바빌론, 아시리아 문명이 거쳐 간 지역으로 영국이 우선 이 지역에 관심을 가지고 동인도회사를 설치하여 관련 정보와 함께 문화재를 수집하면 이를 영국 The British Museum에서 구매하였다. 영국의 이러한 활동은 프랑스에 자극을 주었고 프랑스의 아시아학회의 보타(Paul-Emile Bota)는 고대 아시리아 왕 사르곤(Sargon) 2세의 왕궁을 발굴하여 황소상을 옮겨 루브르박물관에 전시하였다. 이에 영국인 오스틴 레이어드(A. H. Layard)는 콘스탄티노플의 영국 대사 캐닝(S. Canning)의 지원으로 대사관 직원에 채용되었고 1849년에 니네베 유적에서 발굴한 날개 달린 황소상을 The British Museum으로 옮겨 전시했다. 또 영국의 현재의 아프리카 내 나이지리아의 전 왕국이었던 베닝(Benin) 왕국을 1897년 2월에 침략하여 왕궁의 청동 브론즈(Bronzes) 등 헤아릴 수 없을 정도로 왕국의 문화재를 약탈했고 이를 경매에 붙여 독일, 프랑스, 미국 등 세계 각국의 박물관이 소장하고 있다. 물론 가장 많은 것을 소장하고 있으며 전시를 하고 있는 곳은 영국의 The British Museum이다. 한편 프랑스는 베냉왕국을 지배하면서 그 곳의 문화재를 약탈했다. 2017년 5월 프랑스 대통령에 취임한 마크롱(E. Macron)이 약탈문화재를 박물관에서 소장해서도 전시해서도 안 된다며 원산국으로 반환한다는 선언을 한 이래 다른 국가들도 이 반환에 참여하고 있다. 향후 일본에도 어떠한 영향을 끼칠지 그 추이에 귀추가 주목된다. 또 세계박물관협의회(ICOM)의 박물관윤리강령도 문화재 반환에 영향을 끼칠 것이다.

광선의 형편이 조금 나쁜 점이 결점이라고도 말할 수 있습니다.[22] 루브르 외에 파리에 서 유명한 것은 역사에 관한 것을 나열한 클뤼니박물관(Musee Cluny)[23], 교외로 나오면 샹 제르망 박물관[24]이라는 고고박물관이 있고 이것은 그 분야의 박물관에서는 세계 제일이라고 이야기되고 있습니다.

다음으로 독일에 가면 수도 베를린에는 말할 필요도 없이 많은 박물관이 있습니다. 프리드리히제(帝) 박물관[25], 신구(新舊) 두 박물관[26] 등에는 오래된 미술품만이 수집되어 있으며 페르가몬(Pergamon)[27]이라는 곳에서 가지고 온 그리스의 큰 건축물의 조각을 받아들이기 위해 훌륭한 설비를 갖추고 있습니다. 또 일본, 중국 외 동양의 미술품을 수집

---

22) 루브르박물관은 요새를 궁전으로 리모델링한 건물로 자연채광이 되지 않았다. 1989년에 그랑 루브르 계획의 일환으로 유리 피라미드를 세워 출입구 겸 조각상의 전시 공간에 빛이 들어오게 하여 관람자들의 몰림 현상을 분산하고 휴게공간으로서 로비의 기능을 활성화시켰다. 이 유리 피라미드의 건축가는 중국 태생의 미국인 이오 밍 페이(I. M. Pei, 1917~2019)였다. 처음에는 이집트의 피라미드를 연상시켜 반대에 부딪쳤으나 현재는 루브르박물관의 상징물이 되었다.

23) 이 미술관은 프랑스 파리 소르본 대학 정원 너머에 있다. 특히 이 미술관은 화가 나혜석이 그린「정원」의 배경이기도 하다. 이 미술관이 세워진 것은 1884년으로 공식 명칭은 중세미술관이다. 그러나 15세기경 클뤼니 수도원으로 이용되어 왔기 때문에 공식 명칭보다는 클뤼니미술관으로 더 알려져 있다. 프랑스 혁명 때 혁명군에 의해 점령되기도 했던 이 곳은 1833년에 중세 유물 컬렉터 솜나르 알렉산더에 임대되기도 했다고 한다. 그가 사망한 이후 정부는 이 건물과 유물 1,400여 점을 매입하여 박물관으로 개방하게 된다. 전시물 가운데 대표적인 전시 유물 가운데 하나로 많은 테피스트리(tapestry : 무늬를 놓은 양탄자)를 든다. 차문성,「세계의 박물관 미술관 예술기행-유럽편-」, 성안당, 2013 참조.

24) 이 박물관은 생 제르망 앙라에(Saint-Germain-en-Laye)에 있는 국립고고학박물관이다.

25) 이 박물관은 1956년에 독일의 미술가 겸 조각가 보데의 이름을 따서 보데박물관(Bode-Museum)으로 개칭되었다. 주로 조각, 중세 예술품과 동양 예술품 등이 전시되어 있다.

26) 신박물관(Neues Museum)과 구박물관(Altes Museum)으로 전자는 1855년에, 후자는 1830년에 개관했다. 후자에는 고대 그리스와 로마의 예술품이 전시되어 있다.

27) 고대 그리스의 아이올리스에 있었고 부유하고 강력한, 소아시아의 북서쪽 미시아의 고대 그리스 도시였다. 헬레니즘 시기에 페르가몬은 기원전 281~133년 동안에 아탈로스 왕조가 지배한 페르가몬 왕국의 수도가 되어 그리스 세계의 주요 문화적 중심지 중 한 곳이 되었다. 지금도 이곳에는 많은 뛰어난 기념물들의 잔해가 있고 특히 페르가몬의 대제단이 유명하다. 그림에 보이는 것이 페르가몬박물관의 입구에 구현해 놓은 대제단이다.

제8도 파리 루브르박물관

제9도 베를린박물관페르가몬 조각실

28) 1925년에 개관한 박물관으로 거슬러 올라가면 1903년에 조직된 자연과학과 기술박물관 건립추진위원회의 발족에서부터 시작되었다. 이 박물관의 특징은 세계 최초로 관람자들이 직접 전시품을 동작할 수 있도록 하였다는 점이다. 이러한 핸드 온 전시방식은 이후 다른 국가의 과학박물관 전시 방식에 영향을 주었다. 통합유럽연구회, 「박물관 미술관에서 보는 유럽사」, 책과 함께, 2018 참조.

한 박물관이라든가 세계 각국의 인종의 토속품을 망라한 박물관들이 이 대도시를 장식하고 있습니다만 런던이나 파리의 큰 박물관과 비교하면은 새롭게 개관한 만큼 약간 뒤떨어지는 느낌을 줍니다만 설비는 매우 잘 갖추어져 있습니다. 독일에서는 또 베를린 외의 도시에 오히려 베를린보다도 클 뿐만 아니라 멋진 박물관이 적지 않게 있습니다. 그 가운데에서도 유명한 것으로는 드레스덴 회화박물관, 뮌헨의 회화관, 뮌헨의 조각관 등을 들지 않을 수 없습니다. 뮌헨에는 또 자연과학(이과)에 관한 주제로 세계에서 가장 잘 정돈된 박물관이 작년 세워졌습니다. 독일박물관[28]이라는 것이 그것입니다. 이 박물관에는 전차·기차·비행기·잠수함·라디오·에 관한 것, 광산, 인쇄 그 외 무엇이든 이과의 학문을 응용한 것에 관한 물품을 각각 그 발달 순서에 따라서 진열하고 있습니다. 그리고 보는 사람이 스스로 입의로 버튼을 누르게 되면 전기로 기계가 움직이기 시작하고 보는 사람 자신이 실험을 자유롭게 할 수 있도록 되어 있습니다. 그러므로 혹 박물관을 상세하게 보기 위해 갔다면 중학교나 대학 등에 입학하지 않아도 혼자 학문이 가능할 것이라는 생각이 들 정도로 모든 것이 완비되어 있는 것에 크게 경탄하게 됩니다.

이전 오스트리아의 빈 거리에도 베를린보다도 더 훌륭한 박물관이 두 곳 있는데 회화 등의 미술품과 역사상의 여러 물품들을 나열하고 있습니다. 이탈리아에 가면 로마에는 바티칸박물관을 비롯하여 고미술품을 진열한 좋은 박물관이 두 세 곳이 있으며 나폴리(Naples)나 플로렌스(Florence), 미란(Miran) 그 외에도 큰 박물관이 무수하게 있습니다. 이탈리아는 이전 시대에 문화가 번창한 국가였기에 이러한 박물관에는 뛰어난 것들이 많고 도저히 다른 국가들에서는 볼 수 없는 것이 많이 수장되어 있습니다. 매년 이탈리아를 여행하는 사람은 매우 많습니다만 이탈리아에 머무는 기간의 반은 박물관에서 지내고 나머지 반은 로마라든가 폼페이 등 옛 유적을 돌아본다는 식입니다. 이상 언급한 국가 외에 유럽에는 스페인의 마드리드, 덴마크의 코펜하겐, 스웨덴의 스톡홀름 같은 대도시에는 각각 영국이나 독일이나 프랑스 등과 크게 뒤지지 않는 박물관이 있어 국가는 작아도 박물관이나 도서관만은 큰 국가와 어깨를 나란히 할 수 있는 정도의 것이 있습니다. 군함이나 군사면에서는 경쟁이 되지 않아도 이러한 것으로 뒤지지 않는다는 것입니다. 러시아에도 이전부터 큰 박물관이 있습니다만 모스크바나 레닌그라드에 있는 박물관은 유럽의 제일 박물관과 비교해 결코 뒤지지 않는 것으로 이야기되고 있습니다. 투르크의 도시에도 훌륭한 박물관이 있어 매우 유명합니다.

또 유럽은 아닙니다만 이집트의 카이로에는 오래된 이집트 유물만을 나열하고 있는 큰 박물관이 있습니다. 피라미드나 오래된 묘에서 나온 보물이 매우 많아 지금으로부터 4, 5천 년 전 왕의 미라도 그대로 볼 수 있습니다. 또 작년 발굴된 투탕카멘(Tutankhamun)[29]이라는 왕의 묘에서 나온 황금 도금의 걸작이 산과 같이 진열되어 보는 사람들을 놀라게 하고 있습니다.

3) 미국의 박물관

미국은 여러분도 알고 있듯이 새로운 국가입니다만 경제가 매우 풍부하여 호화롭게 꾸민 박물관이 최근 많이 세워져 그 건축물이나 설비는 유럽의 여러 국가들이 도저히 따라갈 수 없는 것이 적지 않게 있습니다. 그 가운데에서도 런던의 대영박물관, 파리의 루브르박물관보다 뛰어나기도 하여 뒤떨어지지 않는 대형의 미술박물관으로서 뉴욕의 메트로폴리탄박물관[30]이 있습니다. 여기에는 이집트, 그리스 외 서양의 고미술은 물론이고 일본, 중국을 비롯하여 동양 여러 국가의 것을 매우 많이 수집하여 도저히 하루나 이틀로는 전부 돌아볼 수 없습니다. 게다가 이 박물관에서 관람자들을 놀라게 하는 것은 그리스, 로마실의 일부에 이탈리아의 폼페이에서 발굴된 이전 집 그대로를 모조해 놓은 것입니

---

29) 투탕카멘은 영국 이집트학의 아버지로 불리며 하마다에게도 지대한 영향을 끼친 패트리 밑에서 고고발굴팀의 일원으로 유물 등록 및 모사 등의 일을 하던 호워드 카터(Howard Carter, 1874~1939)에 의하여 1922년에 처녀 발굴되었다. 카터는 동물화가였던 부친의 영향 하에서 역사학과 고고학에 관심을 갖게 되었다. 페트리와 함께 일을 한 후 1899년에 이집트 고고국에서 고고학 관련 업무를 수행하였고 1909년에는 카나본 경(Lord Carnarvon)의 후원 하에 채용이 되어 테베(Theban) 네크로폴리스에서 연구를 하는 과정에서 제18왕조의 파라오 투탕카멘이 이집트의 왕가 계곡에 묻혀 있을 것으로 확신하였다. 1917년부터 계곡을 벌채하기 시작하여 1922년 11월 1일에 람세스 6세의 무덤을 발견하면서 1924년 2월까지 발굴이 지속되었고 부장품을 넣어 놓은 묘실들을 찾아냈다. 그는 발굴현장의 기록과 유물 보존 등을 토대로 서술을 하고 있었으나 그 저술을 발간하기 전에 1939년 3월 2일에 런던에서 세상을 떴다. C. Catling & P. Bahn, *Archaeology : An Illustrated Encyclopedia*, Lorenz Books, 2022 : 293-295. 이 발굴은 국립이집트고고학박물관의 개관으로 이어졌다.
30) 미국의 미술관과 미술사, 서양미술사논문집 제29집(2008) 참조.

다. 정 가운데에는 정원이 있고 분수가 끊임없이 물을 내뿜고 있으며 주변에는 푸르게 번창한 정원수도 심어져 있어 더운 여름에도 선선한 느낌을 주어 이전 시대의 사람이 되어 폼페이에 있는 것과 같은 생각이 듭니다. 이것은 미국뿐만 아니라 유럽의 박물관에서도 있습니다만 오래된 조각 등은 모두 대 위에 놓여 있어 버튼을 누르면 그것이 자유롭게 회전하도록 되어 있기에 관람자들은 한 장소에서 전후좌우에서 그 물품을 볼 수 있는 것은 실로 편리한 방식이지 않습니까. 또 보스턴에는 메트로폴리탄에 뒤지지 않을 정도의 미술관[31]이 있습니다. 여기에는 동양 미술의 훌륭한 수집품이 특히 많이 있습니다. 그 일본실에는 일본에서조차 볼 수 없는 오래된 미술품도 있으며 일본의 건축이나 도코노마[32]와 같은 것을 만들어 진열하고 있는 것은 감동적입니다. 이러한 물품은 일본인이 미술의 가치를 모르는 시대에 해외로 팔아버린 것으로 지금에는 일본이 사들여 되돌아 올 수 없는 것입니다. 또 워싱턴의 프리야 갈레리라는 미술관은 중국의 오래된 회화작품이나 오래된 청동기, 옥으로 만든 여러 것들이 많이 나열되어 있는 것을 특색으로 하고 있습니다. 그 다음으로 필라델피아의 대학 부속박물관에도 또 중국의 오래된 시대의 조각 등에 뛰어난 것들이 있습니다. 이처럼 미국의 박물관은 매우 무시할 수 없는 힘을 가지고 있을 뿐만 아니라 최근에는 중국 등에서 나오는 고미술품은 돈을 아끼지 않고 구입한다는 상태이기에 유럽의 여러 국가는 이 점에서는 도저히 이길 수 없는 상황이 되어 버렸습니다.

박물학 방면의 박물관도 훌륭한 것이 각지에 특히 워싱턴, 시카고,

---

31) 보스턴미술관은 메트로폴리탄미술관, 시카고미술관과 함께 미국 3대 미술관 중 하나이다. 1870년에 지방유지에 의하여 창립된 사립미술관으로 미국 독립 100주년이 되는 1876년에 개관하였다. 이 미술관은 최근 1924년 4월에 소장하고 있던 사리를 한국의 조계종에 환수하여 화제가 되기도 하였다. 이 사리는 1939년에 보스턴의 야마나카상회(山中商會)로부터 구매했다고 한다.

32) 일본의 다다미방에서 마루귀틀의 높이만큼 한 단계 높여 벽감 모양으로 공간을 꾸미고, 정면 벽에는 서화를 걸고 다다미 위에 장식물과 꽃병 등을 둔다.

제10도 메트로폴리탄박물관 그리스실 안뜰

뉴욕 등에 잘 완비되어 있습니다. 동물 표본은 모두 파노라마 안에 그것을 보여주고 있고 자연의 풍경에서 각각 동물이 서식하고 있는 곳을 보여주려고 노력하고 있기에 어른이든 아이이든 흥미롭게 각각 동물의 생활상태를 알 수 있습니다. 이처럼 박물관이 각 주에 하나 또는 둘은 반드시 있는 것이 실로 부럽습니다. 하다못해 일본에 이러한 것이 하나라도 설치될 수 있으면 하고 생각합니다. 또 미국에는 큰 박물관에 부속하거나 또 독립적으로 어린이박물관[33]이라는 것이 많이 있습니다. 이것은 이과(理科) 그 외에 관하여 매우 간단한 지식을 얻도록 하기 위해 생긴 것으로 학교에서 배우는 것을 하나하나 실물에 비추어 복습할 수 있습니다. 그렇기에 언제나 열심히 하는 남학생과 여학생이 많이 있습니다. 이것도 서양에서 부러운 것의 하나입니다.

4) 세계에서 진기한 박물관

서양 각국에 있는 여러 박물관 가운데 전혀 다른 특색이 있어 매우

---

[33] 미국에서 어린이의 공식 및 비공식교육에 관심을 갖고 후자의 경우에는 어린이박물관을 개관하여 어린이에 대한 총체적 교육을 시도했다. 스미소니언의 3대 회장 사무엘 랭글리(Samuel P. Langley)의 혁신적인 아이디어로 1901년에 스미소니언에 <어린이들의 방(Children's Room)>이 설치되었는데 이것은 어린이박물관이 시작이라고 말할 수 있다. 박물관에 찾는 관람자로서 어린이에 관심을 갖고 1899년에는 미국 최초의 어린이박물관으로서 브루클린어린이박물관(Brooklyn Children's Museum)이 개관을 하면서 사무엘 랭글리는 1889년에 앞서 언급한 <어린이들의 방>의 설치를 지시했다. 1913년에는 미국에서는 두 번째 어린이박물관으로서 보스턴어린이박물관이 개관한 데에 이어서 1917년에는 디트로이트어린이박물관, 1925년에는 인디애나폴리스어린이박물관이 개관하였다. 황규진·오명숙 읽고 씀, 『어린이와 박물관』, 민속원, 2022 ; 최석영(역자), 「어린이박물관 탄생 이후 현황과 지속가능한 방향에 대한 연구」, 『대전문화』 제33호, 대전광역시사편찬위원회, 2024 참조.

재미있는 것은 스웨덴의 스톡홀름에 있는 민속박물관34)입니다. 이것은 스웨덴의 풍속이나 습관 등을 보여주는 박물관으로 하셀리우스(A. Hazelius : 역자)라는 열정적인 사람이 오래된 풍속이나 물품이 점차로 사라져 가는 것을 애석하게 여기고 처음에는 아주 소수의 물건을 모으기 시작하여 그것이 점점 많아지게 되어 지금 보는 것과 같은 국립의 큰 박물관이 되어 북방박물관이라는 명칭이 붙어 있습니다. 건축물은 3층의 멋진 건물로 가장 밑의 진열실에는 스웨덴 각 지방의 농가의 상황을 그대로 옮겨 침대나 난로 종류 등을 지방별로 진열하고 있습니다. 또 2층에는 각 집의 도구 종류, 직물, 목기, 도기와 같은 종류들을 분류하여 그것들을 볼 수 있도록 하고 있습니다. 그 다음 3층으로 올라가면 이번에는 그것들을 시대순으로 진열하여 점차로 변해 온 모습을 보여주고 있습니다. 이처럼 3종류의 나열 방식으로 우리와 같은 관람자들이 스웨덴의 풍속이나 습관의 속성을 충분히 여러 방면에서 연구할 수 있게 되어 있습니다. 그런데 또 이 박물관의 바로 옆 스칸센 언덕에 야외박물관35)이 있습니다. 그 언덕 위에는 스웨덴의 각 지방의 식물을 옮겨

┃ 제11도 스톡홀름의 북방박물관

┃ 제12도 스칸센야외박물관의 일부

34) 1891년에 스웨덴의 민속학자·교육가 아르투르 하셀리우스(A. Hazelius)가 17~20세기의 전통가옥과 농장 등을 옮겨 설립한 세계 최초의 야외민속박물관이다.
35) 보통 스칸센야외박물관으로 불린다.

와 심었고 특유의 동물도 사육하고 있는 것은 마치 식물원인가 동물원과 같은 것입니다. 그리고 그 사이에 각 지방에서 그대로 가지고 온 작은 농가가 있고 오래된 양식의 교회당이 나무 사이에 세워져 있는가 하고 생각하면 재미난 풍차가 있고 창고와 같은 오래된 건물이 이전 그대로 설치되어 있습니다. 그 작은 농가에 들어가 보면 난로 주변에는 짚이 타고 있고 그 지방의 의상을 한 노인이 담배를 빨고 있으며 딸은 또 실을 짜며 열심히 일을 하고 있는 실제의 생활을 볼 수 있고 또 요리하는 곳이나 차를 파는 곳도 각 지방에 있는 그대로의 건축으로 되어 있고 요리도 그 지방의 각 식재료로 하고 급사의 여자는 고향의 전통의상을 하고 손님의 급사로 나옵니다.

 이것은 단지 여행하는 사람을 재미있게 해주기 위해 한 것이 아니라 점점 문명이 나아감에 따라서 이전의 좋은 풍속이나 재미난 건축물이 그 참에 사라져 가는 것을 보존하기 위해 한 것입니다. 나는 일본에도 문명이 나아감에 따라 시골에 있는 오래된 풍속이나 도구 종류가 그 참에 사라져 가는 것을 유감으로 생각하기 때문에 하루라도 빨리 이러한 민속박물관이 설립되기를 희망하고 있습니다. 그리고 스웨덴의 이 박물관을 만든 사람은 처음부터 많은 돈을 투자하여 착수한 것이 아니라 조금씩 모아 긴 세월 동안 한 사람의 힘으로 완성시킨 점을 생각하면 누구라도 열성과 시간을 가지고 시작하면 성취할 수 있다고 믿습니다. 이 스웨덴의 북방박물관과 정말 같은 박물관이 유럽 북부에서는 노르웨이의 오슬로, 핀란드의 헬싱키 등에도 있고 특히 러시아에는 레닌그라드, 모스크바에 각각 만들어져 있으며 레닌그라드의 러시아박물관[36]은 스웨덴의 북방박물관과 비교해도 뒤떨어지지 않는 훌륭한 것입니다.

---

36) 1764년에 레닌그라드에서 개관한 에미르타시박물관이 아닌가 생각한다.

제2. 고고박물관(상)

1. 고고학은 어떠한 학문입니까

1) 고고학과 고고박물관

 박물관은 크게 미술·역사·고고에 관한 물품을 진열한 박물관과 박물(博物)·이과(理科) 방면의 물품을 수집한 과학박물관의 두 종류로 구별할 수 있는 것은 앞에서도 서술한 대로입니다. 그러나 이러한 박물관에 대해 하나하나 상세하게 이야기를 하는 것은 이 책의 지면이 허용하지 않을 뿐만 아니라 과학박물관이나 미술·역사의 박물관에 관해서는 각각 다른 선생이 이야기하도록 되어 있기 때문에 나는 미술·역사·고고에 관한 박물관 가운데 다만 고고학에 관한 박물관의 이야기를 지금부터 하려고 합니다.
 도대체 고고학이라는 학문은 인간이 세계에 등장한 이래 오늘날에 이르기까지 긴 세월 동안 세계에서 만난 여러 물품, 즉 인간이 만든 도구나 무기류, 건축, 조각, 회화 그 외 일체의 물품, 우리들은 이것을 유물이라고 부르고 있습니다만 이 유물에 의하여 인간의 과거 생활 모습이나 문화의 상태 등을 연구하는 학문입니다. 그러나 새로운 시대가 될수록 여러 문헌이 남겨져 있기 때문에 그것에 의하여 이전의 것은 대체로 알 수 있어 유물만으로 조사할 필요는 없습니다만 시대가 오래되고 문헌이 그렇게 없기도 하거나 전혀 없었던 시대가 되면 어떻게든 유물만으로 연구하는 것 외에 방법이 없습니다. 그래서 고고학에서는 유물만으로 연구하지 않으면 안 되는 매우 오래된 시대 혹은 유물을 주로 사용하여 연구하지 않으면 안 되는 시대의 것을 오로지 조사하는 것입니다. 따라서 고고박물관이라고 하면 오래된 시대에 인간이 만든 물품을 진열해 두는 것인데 큰 가옥이나 동굴 등과 같은 것이 되면 박물관 안으로 가지고 오는 것이 곤란하기 때문에 대체로는 모형이나 도면을 진열하게 됩니다.

나는 7, 8세의 소년 시절부터 이전 사람들이 만든 돌화살촉 등을 주워 모아 기뻐했습니다만 그 시기 나는 돌화살촉은 인간이 만든 것이 아니라 수정 등과 같은 것으로 자연적으로 생긴 돌이라고밖에 생각하지 않았습니다. 또 어떤 사람은 돌화살촉은 천구(天狗 : 상상의 괴물-역자)가 만든 것이라고 말해 주었습니다.[1] 그러나 그것은 오늘날로부터 40년 정도 전의 일로서 그 시기에는 일본의 어느 곳을 가도 고고박물관이 한 곳도 없었고 돌화살촉과 같은 것에 대해서도 설명한 문헌이 없었습니다. 그 시기에 고고박물관이 있었더라면 돌화살촉은 자연적으로 생긴 것이 아니고 또 천구가 만든 것도 아니며 이전 시대에 인간이 만든 것이라는 것을

---

1) 하마다가 7, 8세 때라고 하면 1888년 혹은 1889년 때로 에도막부 후기에 해당된다. 하마다가 기술하고 있듯이 일본에서는 주변의 고고유물을 인간이 만들어 사용한 것이 아니라, 번개와 같은 자연현상과 연결시켜 신비스러운 것으로 생각하였거나 주변의 패총에 대해서도 거인이나 신과 결부시켜 생각하였다. 한국의 조선 시대 후기 실학자들 사이에서는 돌도끼, 돌칼, 돌검 등에 관해 신묘한 조탁물이라거나 벼락을 맞았다거나 유성으로부터의 자연물이라고 보았다. 이러한 사고방식은 동양뿐 아니라 서구에서도 마찬가지였다. 齋藤忠, 『日本考古學史』, 吉川弘文館, 1974 ; 이선복, 『고고학개론』, 이론과 실천, 1988 ; Brian M. Fagan, *A Brief History of Archaeology*, Pearson Education, 2005 참조.

알았을 것입니다. 그러나 40년이 지난 오늘날에도 일본에서는 유감스럽게도 고고박물관이 어디에도 설립되어 있지 않기 때문에 여러분은 선생에게 듣던가 문헌을 보지 않으면 그것들에 대해 알 수 없는 것은 매우 유감스러운 일입니다.

전에 내가 독일을 여행하고 뮌헨을 돌아볼 때 거기에 있는 미술박물관의 부근에 작지만 고고박물관이 있었기 때문에 그것을 보기 위해 길을 나섰습니다. 거기에는 겨우 두, 세 개의 전시실밖에 없었고 할아버지 한 사람이 쓸쓸하게 전시실을 지키고 있었습니다. 그 안으로 들어가니 진열대 뒤쪽으로 한 소년이 있었는데 수첩을 꺼내 열심히 관람한 것을 필기하고 있었습니다. 나는 그 소년의 열성에 감동을 받아 "너는 옛날의 어떠한 것을 좋아합니까"라고 물었더니 "예, 나는 이러한 것을 조사하는 것이 가장 좋습니다"라고 대답하고 여전히 연필로 수첩에 쓰고 있었습니다. 그래서 나는 "당신과 같이 열심인 소년은 장래에 분명히 훌륭한 고고학자가 될 것입니다"라고 말하고 헤어졌습니다. 일본에도 작지만 여기저기에 고고박물관이 세워져 있었으면 이 독일의 소년처럼 열심인 아이들이 나와 장래 훌륭한 고고학자가 될 것이라고 느꼈습니다.

2) 인류의 시작

인간은 하등동물에서 점차로 진화해 온 것입니다. 우리들은 원숭이와 같은 조상에서 태어났을 것이라고 다윈이 진화론을 주장한 이래 어느 정도 완고한 사람을 빼놓고는 대체로 모두 그것을 믿게 되었습니다. 그러나 인간과 원숭이의 공동 조상은 무엇이었을까. 또 그 공동조상으로부터 오늘날의 인간이 된 최초의 존재는 무엇이었을까. 이러한 것을

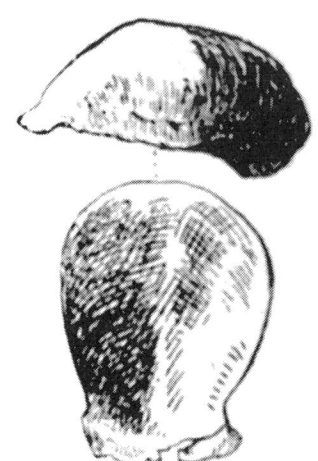

제13도 피테칸트로프스의 두개

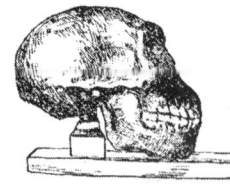

제14도 피테칸트로프스 원인

알기 위해서는 땅 속에 묻혀 있는 오래된 뼈 화석을 출토하여 그것을 재료로 연구하는 것 외에는 방법이 없습니다만 이러한 원숭이와 인간의 중간에 해당하는 뼈가 오늘날까지 어느 정도 발견되었는가 하면 유감스럽게도 생각한 만큼 나오지 않고 있습니다. 그러나 다만 지금으로부터 50여 년 전(1892년)에 네덜란드 출신의 군 의사 드보아(Eugene Dubois : 역자)가 인도네시아 자바섬의 트리닐(Trinil : 역자)에서 발견한 뼈가 마침 인간과 원숭이의 중간에 있는 동물의 뼈라고 이야기하였습니다. 뼈라고 해도 두개골의 정상, 이른 바 머리 판 부분과 넓적다리뼈의 일부분과 송곳이 안쪽의 모든 구치(臼齒)가 나온 것뿐입니다만 이것을 조사해 보니 어떻게든 오늘날의 유인원(類人猿)과는 다르고 여러 정도 인간적인 성질을 띠고 있었다는 것을 알 수 있습니다. 거기에 직립 보행한 것이 다리뼈의 성질로 충분히 상상할 수 있었습니다. 그래서 그 뼈의 주인인 동물을 "피테칸트로푸스 에렉투스(Pithecanthropus erectus : 역자)" 즉 원인(猿人), 직립하여 보행하는 원인(猿人)이라는 이름을 붙인 것입니다. 이 뼈를 기초로 얼굴이나 몸을 만들어 보니 제14도와 같은 원인이 됩니다. 이것이 원숭이 쪽에 가까운가, 인간 쪽에 가까운가에 대한 논의는 있습니다만 어떻든 인간과 원숭이의 중간의 동물이라고 보아 지장이 없습니다.

그 후 실제의 인간으로 이름을 붙인 가장 오래된 뼈는 독일 하이델베르크의 부근에서 발견되었습니다. 그것은 다만 하악골입니다만 이 뼈는 턱이 안쪽으로 들어가 오늘날의 인간과는 대체로 다른 것이나 유인원과는 전

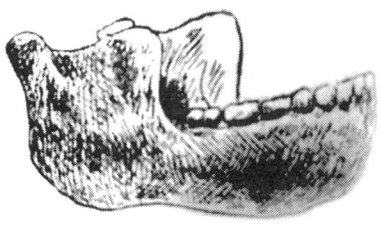

▎제15도 하이델베르그인 하악골

혀 다른 종으로 어느새 인간의 중간이라는 것은 분명합니다. 제15도를 보십시오. 다만 하나의 하악골에서 상상해 보면 이런 인간이 나오게 됩니다. 이것을 "하이델베르크인"이라고 말합니다.

그 다음에 오래된 것은 영국의 필트다운(Piltdown : 역자)에서 발견된 것[2])이고, 그 다음으로 독일의 네안데르탈, 벨기에의 스피이 등에

2) 필트다운인은 1912년 아마추어 고생물학자 찰스 도슨(Charles Dawson)이 영국 남부 서식스(Sussex)의 필트다운 마을에서 발견했다는 인간의 두개골 일부와 원시적 턱뼈 화석이다.

▎제16도 하이델베르그인

▎제17도 필트다운인

제18도 네안데르탈인 상상도   제19도 크로마뇽인 상상도

서 발견된 것입니다. 이것들은 모두 하이델베르크인보다도 어느 정도 진보한 것입니다. 단, 현대의 인류, 일본인·중국인과 같은 황색인종, 유럽인이나 미국의 백색인종, 그 다음 아프리카의 흑인까지 포함한 현대 인류와 비교해 보면 동물학상 이러한 현대인과 같은 하나의 인종에 있을 만한 것이 아니라 그것과는 다른 종에 속하는 정도의 차이를 보여주고 있기에 우리들은 이것을 "호모 프리미티비즘(Homo Primitivism : 역자)" (원시인)이라고 부르고 있는 것입니다. 제18도는 네안데르탈로부터 나온 뼈에서 상상해 본 그 시대의 인간입니다.

그 다음 시대에 나온 인간은 프랑스 남서부의 도르도뉴(Dordogne : 역자) 등에서 발견된 뼈에 의하여 대표되는 것으로 그 가운데에서 주요한 것은 크로마뇽(Cro-Magnon : 역자)인이라 이야기되는 것입니다. 이 시대의 인간이 되면 오늘날의 인간과 그야말로 같은 종에 속하는 것이고 또 어느 점에서는 오늘날의 야만인 등보다는 어느 정도 진보된 두뇌를 소유한 주인공이었다는 것을 그 머리뼈를 보아도 알 수 있습니다. 그러므로 크로마뇽인은 우리들과 마찬가지로 현대인이라는 이름을 붙이지 않으면 안 됩니다. 그러나 현대인에 속하는 크로마뇽인이 살고 있던 시대는 언제부터였을까 하면 매우 오래된 시대였고 명료하게는 알 수 없습니다만 우선 지금으로부터 7, 8천 년 내지 1만 년 가까운 이전 시대였을 것이라고 합니다. 따라서 그 이전의 원시인이나 하이델베르크인에 이르러서는 수만 년 전인가로 추정이 되지 않을 정도입니다. 하물며 사람과 원숭이의 중간이라고도 볼 수 있는 원인 등은 50만 년 혹은 그 이상의 오래된 시기의 것으로 보지 않으면 안 되어 이렇게 생각하면 인간의 시작은 매우 오래된 것이 아닌가. 또 인간이 나타나기 이전 하등동물만 살고 있던 세계는 어느 정도 오래된 것일까. 수천 만 년이라고 해도 셀 수 없는 이전은 실로 놀라운 만한 것입니다. 우리들은 역사를 가진 이래 오늘날까지 겨우 수 천 년이라는 단 기간입니다만 인간이 처음 출현하면서부터 역사가 시작되기까지와 역사 이후 오늘날까지의 길이와의 비례를 보면 역사 이전 쪽이 역사 이후의 수 십 배가 된다는 것을 알 수 있습니다.

3) 문화의 3시대

그러면 인간이 처음으로 이 세계에 나타난 이래 매우 긴 기간 동안 역사시대에 들어가기 매우 가까운 시대까지도 인간은 오늘날 우리들과 같이 청동이나 철의 금속을 사용하여 여러 도구를 만드는 것을 전혀 몰랐던 것입니다. 그래서 처음에는 오늘날의 원숭이 등과 같이 다만 주변에 있는 나무 조각이나 돌덩이로 구멍을 파서 곤충을 잡거나 나무열매를 깨서 먹는 생활을 하고 있었습니다. 그런데 점점 진보하면서 돌덩어리를 다소 세공하여 손으로 잡고 물건을 깨는 데 편리한 형태로 만들게 되었습니다. 특히 또 그 돌을 갈아서 아름다운 형태의 기물을 만들게 되었고 자신이 먹은 동물의 뼈를 세공하여 그것을 도구로 사용하기도 하였습니다만 어떻든 주로 돌로 만든 기물을 사용한 시대가 길게 계속 되었습니다. 우리들은 그것을 돌의 시대 혹은 석기시대라고 부르고 있습니다.

그런데 인류는 또 우연히 암석 사이에 있는 철이나 동과 같은 금속을 발견하고 이번에는 이 금속으로 기물을 만들게 되었습니다. 이것은 돌이나 뼈의 기물에 비교하면 매우 형편이 좋은 것을 알고 우선 처음에는 다만 동을 사용하게 되었습니다. 그런데 동만으로는 유연하여 주조도 어렵기 때문에 동에 주석을 섞어서 청동이라는 금속을 만들고 이것을 기물의 재료로 삼은 시대가 있었습니다. 이 시대를 청동시대 혹은 청동기 시대로 부릅니다. 그 가운데 드디어 철이 널리 기물에 사용되는 시대가 되었습니다. 그 시대를 철의 시대 혹은 철기시대라 합니다. 오늘에는 철 이외에 알루미늄 그 외 여러 금속이 발견되었습니다만 역시 철이 조각이나 무엇인가에 가장 많이 사용되기에 넓은 의미에서는 오늘날도 철기시대에 속합니다.

이렇게 인류가 돌에서 동 혹은 청동을 거쳐 철을 가지고 날붙이를 만드는 시대가 되었습니다. 고고학자는 이 3 시대를 문화의 3 시대 혹은 문화의 3 단계라고 이름을 붙였습니다. 그러나 이 3 단계는 모든 인류가 반드시 그 순서로 통과한 것은 아닙니다. 어느 경우에는 돌의 시대에서 철의 시대가 된 예도 많이 있습니다. 유럽을 비롯하여 아시아의 여러 국가는 대체로 이 3 시대를 통과하여 인류의 문화가 발전되어 왔습니다. 또 세계 가운데 모든 국가의 인류가 모두 같은 시대로 돌에서 동, 동에서 철로 진보해 온 것은 아니고 어느 국가는 일찍이 돌에서 청의 시대가 되거나 특히 철의 시대가 된 경우도 있고 또 긴 기간 동안 돌의 시대로 남아 있던 경우도 있습니다. 어떻든 이 3 시대로 움직인 방식은 대체로 인류 문화의 순서를 보여 준다고 말해 좋습니다.

이렇게 인류 문화의 3 단계가 있다고 처음으로 주창한 사람은 지금으로부터 100년 전에 태어난 덴마크의 톰젠(C. J. Thomsen, 1788~1865 : 역자)³)입니다. 또 그의 제자 월사에(J.J.A. Worsaae)는 스승의 주창을 사실로 점점 증명해 갔습니다만 어떻게 북유럽의 작은 국가의 학자가 이러한 주장을 하게 되었는가. 북유럽의 국가에는 돌의 시대, 청동의 시대가 다른 지방보다 장기간 계속 되었기에 그 시기의 유물이 많이 있었다고 하는 것이 그 이유의 하나입니다. 그 후 이 3 시대를 다시 구체적으로 세분한 사람이 나왔습니다. 그것은 영국의 러복(Sir John Lubbock, 1834~1913 : 역자)⁴)으로 석기시대를 구석기시대와 신석기시대의 두 시기로 나누게 되었습니다. 오늘날 우리들은 러복의 구분

제20도 톰젠

3) 톰젠은 어린 시절부터 동전 수집과 분류에 관심이 많았다. 성장해서는 1819년에 일반 공개된 코펜하겐국립박물관의 초대 관장까지 지내게 되었는데 그 이전에 코펜하겐도서관의 골동품과 고고학 자료를 분류하여 석기-청동기-철기의 3 시기법을 코펜하겐대학의 법대생 월사에(J.J.A. Worsaae)의 도움으로 창안하였다. 월사에는 톰젠에 이어서 코펜하겐국립박물관장이 되었고 덴마크에서 최초의 고고학자로 평가받고 있다.

4) 러복은 은행가, 정치가 겸 고고학자로서 진화주의 신봉자였다. 1865년에는 *Prehistoric Times as Illustrated by Ancient Remains and the Manners and Customs of Modern Savages*라는 책을 저술하기도 했다. 그는 찰스 다윈의 영향으로 단선적 문화진화론을 주창하여 유럽 중심의 문화관으로 자연도태가 된 비서구세계를 인종적 열등과 문화의 정체로 평가하고 문명화를 내세운 서구의 비서구에 대한 식민지화를 정당화하는 데 영향을 끼쳤다.

방식에 의하여 석기시대를 두 가지로 구분하는 것이 보통입니다. 또 석기시대에서 금속의 사용 시대에 들어가는 중간시대를 금속병용기(金屬倂用期)[5]라고 이름을 붙인 학자도 있습니다만 이렇게 하면 한없이 구분하게 됩니다. 이러한 세분은 재차 이야기를 할 때가 있을 것입니다. 요컨대 석기, 청동기 및 철기의 3 시대에 의하여 고고박물관은 그 진열품을 구별하여 시대별로 인류의 유물을 나열하는 것이 보통의 방법이 되었습니다.

그래서 나는 지금부터 여러분에게 고고박물관을 책으로 소개·설명하려고 생각합니다만 다만 지금 기술한 순서로 진행하고자 합니다. 그러면 지금부터 구석기시대의 진열실로 여러분을 안내합니다.

---

5) 영어로 aeneolithic으로 표기되고 유럽에서 이 시기는 러시아 남부지역, 발칸반도, 보헤미아 지방, 다뉴브강 중하류, 남부 프랑스, 피레네 산맥지역, 그리스, 이탈리아 등 북부 유럽을 제외한 동부, 남부유럽 거의 전역에 적용되며 신석기시대 말기부터 청동기시대로 넘어가는 과도적인 단계로 보고 있다. 발칸반도를 예로 들면 유럽에서 가장 이른 기원전 5000년경에 금속 제련의 기술이 등장하는데 이 시기를 구리시대 또는 동석기시대(Copper Age or Chalcolithic Age)로 부른다. 한국민족문화대백과사전 참조.

2. 구석기시대의 방

1) 구석기의 종류

이 방에서는 우선 중앙 선반에 진열되어 있는 석기 유물부터 서서히 보아 갑니다. 가장 처음에 있는 것은 이른 바 "원석기(原石器)"라 하는 것입니다. 이것은 언뜻 보면 주변에 널려 있는 돌조각과 조금도 다르지 않습니다. 다만 모나게 때려 부순 흔적이 있는 것처럼 보일 뿐입니다(제21도 상). 여러분도 이것이 과연 인간이 만든 것인가 아닌가에 대해 의문을 품는 것은 무리가 아닙니다. 학자들 사이에서도 여러 의견이 있어 어느 학자는 인간이 손으로 만든 것이라고 말하지만 어느 학자는 자연적으로 돌이 부딪쳤거나 무엇인가의 기회로 만들어진 것에 지나지 않는 것이라고 말합니다. 그러나 이러한 돌의 파편이 원석기인가 어떤가에 대해 확실한 답변은 할 수 없다고 하더라도 인간이 더할 나위 없는 석기를 만들기 전에 간단하지만 조악한 석기를 만든 것이 있고 또 그러한 돌조각 가운데에도 인간의 손으로 만든 것이 섞여 있다는 것만은 인정하지 않을 수 없습니다.

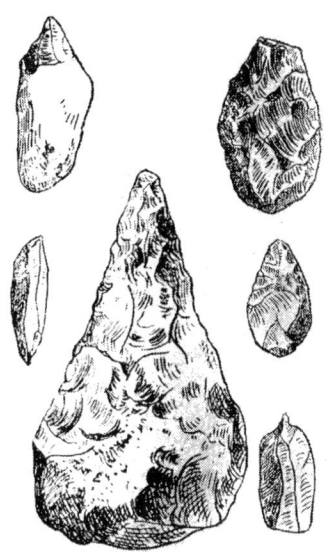

제21도 원석기와 구석기

이 원석기에 의문이 있더라도 그 다음에 나열되어 있는 주먹과 같은 형태의 돌은 누가 보더라도(제21도 좌하) 그 끝이 두껍고 앞이 날카로운 돌만이 우연히 깨져 나온 것이라고는 생각하기 어렵습니다. 어떻게든 이것은 인간이 만든 것으로 생각하지 않으면 안 됩니다. 거기에는 인간의 주먹 정도의 것도 있으나 큰 것이 매우 많고 가장 오래된 석기라고 이야기되고 있으며 세유(Chelles : 구석기시대 전기-역자)기(期)의 석기라고 부르고 있습니다. 그 다음으로 만들어진 석기는 그 옆에 있는 아슐(Acheul : 구석기시대 전기 - 역자)기의 석기입니다(동상 우상중). 형태는 대체로 이전의 것과 닮아 있으나 제작법이 세밀하게 되어 매우 아름답게 되어 있습니다. 이 석기는 과연 어디에 사용되었을까. 전체가 망치와도 같이 되어 있어 뾰족한 부분으로는 물건을 찌르고 모서리 진 부분으로는 부드러운 것을 자르는 것처럼 모든 것에 이용되었을 것입니다. 이것이 그 참에 진보하여 용도도 달라져 각각 적당한 형태가 되어 석창

(石槍)이나 석검(石劍)이나 석포정(石庖丁) 등으로 나누어졌습니다만 이 시대에는 아직 그것이 나누어져 있지 않았습니다.

   그 다음으로 진열되어 있는 것은 여러분이 볼 수 있듯이 그 만드는 방식은 앞의 것보다도 오히려 간단한 것 같으나 크게 부수어 깬 표면을 공교히 사용하여 필요한 부분을 세밀하게 깨뜨린 것을 알게 될 것입니다. 얇고 편평한 것, 앞이 예리하게 뾰족한 것 등도 나왔습니다. 이것을 무스티어(Moustier : 구석기시대 전기-역자)기의 것이라고 합니다. 단 다음에 진열되고 있듯이 석기에는 매우 정교한 솔류트레(Solutre : 구석기시대 후기- 역자)기의 것, 또 약간 간단하고 요령이 좋게 나온 마델레엔(Madeleine : 구석기시대 후기-역자)기와 같이 점점 변화해 온 것을 알 수 있습니다(제21도 좌중 및 우하). 그런데 이 마델레엔기가 되면 석기는 그렇게 진보한 것처럼 보이지 않지만 이 시대에 새롭고 크게 나타난 것이 동물의 뼈나 뿔로 만든 기물입니다. 거기에 진열되어 있는 뼈로 만든 앞이 뾰족한 것이나 여러 것들이 있어 그 중에는 어금니나 뼈 위에 동물의 모양이나 인간의 모양을 조각한 것 등이 있습니다(제22도). 이것들은 앞의 시대에서는 볼 수 없었던 것들입니다. 거기에 크고 납작한 뼈와 같은 것 위에 코끼리의 모양이 조각되어 있습니다(제23도). 이것은 긴 털이 나 있던 고끼리라는 깃을 바로 알 수 있고 오늘날의 코끼리와는 다르고 이전 시베리아 등에 살고 있던 맘모스라는 큰 코끼리의 모양을 나타낸 것입니다. 그 맘모스의 형

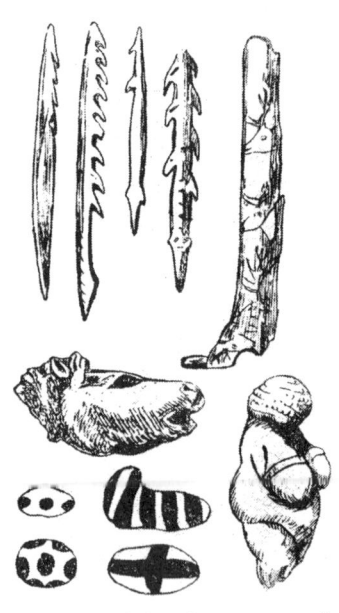

제22도 골아기와 조각물

태를 맘모스의 어금니 위에 새긴 이것은 보기 드문 것입니다. 여기에 있는 것은 그 모조품이고 진품은 프랑스에 있는 박물관에 소중하게 보존되어 있습니다. 이 외에 순록 위에 순록의 모양을 조각한 것이나 인간의 모양 등을 새긴 것도 있습니다.

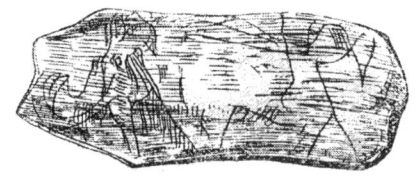

제23도 맘모스 어금니에 조각 맘모스 그림

2) 구석기시대의 회화 등

이렇게 구석기시대의 중엽부터 동물 등의 모양을 흔히 새긴 것이 크게 나타납니다. 이것들을 보아도 이 시대의 인간을 한 마디로 야만인이라고 말할 수 없습니다. 다만 금속을 사용하는 것을 몰랐다는 것에 지나지 않습니다. 이 조각을 만든 사람들은 전에 설명한 오래된 인간 가운데 "크로마뇽"인에 속하는 것입니다. "크로마뇽"인은 두뇌도 크고 체형도 갖추어져 있으며 결코 야만인이라고 말할 수 없는 체격을 가진 사람들로 이러한 것을 만들 수가 있었습니다. 특히 "크로마뇽"인은 조각을 하였을 뿐만 아니라 큰 그림도 그렸습니다. 그 그림은 오늘날까지 남기고 있습니다만 이 벽을 보십시오(제24도). 벽에 걸려 있는 소, 말, 사슴 등의 그림을 그들은 동굴의 돌 벽에 새기기도 하고 또 그리기도 한 그림을 옮긴 것입니다. 이 소는 비죤이라는 소로 오늘날의 소와는 그 형태가 다르나 사슴이나 말

제24도 스페인 알타미라 동굴 천정화

의 형태와 닮아 있어 실물과 같지 않습니까. 필치가 분명한 점, 전체가 살아 있는 점에서 실로 이것이 그렇게 오래된 1만 년 전이나 가까운 시대에 그렸을까 누구나 의심해도 무리가 아닙니다. 실제로 이것이 지금부터 60년 정도 전에 처음으로 스페인 북쪽 해안 알타미라[6]라는 시골의 구릉 위의 동굴이 발견되었을 때 대체로 학자는 모두 이것이 1만 년 전이나 지난 오랜 것이 아니고 새로운 것이라고 하여 누구도 믿지 않았을 정도입니다. 그러나 그 동굴을 잘 조사해 보면 결코 새로운 시대에 사람이 들어가 그린 것이 아니라 비존이라는 소와 같은 동물은 1만 년이나 되는 그 이전이 아니면 서식하고 있지 않았던 것이고 그것을 이정도 사실적으로 그리기 위해서는 실물로 사생(寫生)한 것이 아니면 안 된다는 점 등을 점점 알게 되었을 뿐만 아니라 얼마 안 있어 프랑스의 중부 도르도뉴(Dordogne : 역자)의 동굴 등에서도 마찬가지의 그림이 발견된 것입니다. 그래서 오늘날에는 누구도 이것을 의심하지 않게 되었습니다.

나도 1928년에 스페인의 알타미라 동굴에 가서 가까이서 그 벽화를 볼 수 있었습니다만 그것은 구릉 위에 가까운 작은 구멍이 있는 동굴로 그 안으로 들어가니 너비 90센티에 길이 180센티의 수십 부지 정도 크기의 방이 있고 그 안으로 2,30 칸 정도 들어갑니다. 지금의 동물 그림은 큰 방의 천정에 그렸습니다만 오른쪽 요철을 잘 이용하여 돌출부를 동물의 복부로 하고 흑색과 갈색의 색채로 그린 것으로 그것이 생생하게 남아 있습니다. 1만 년 전부터 지금까지 이렇게 잘 보존되었다고는 생각할 수 없을 정도입니다. 또 전년에 이 동물을 발굴하여 이전의 색채에

---

[6] 변호사 사우투올라(Sanz de Sautuola, 1831~1888)는 사냥꾼으로부터 동굴을 발견했다는 이야기를 듣고 1879년에 딸 마리아와 함께 일꾼을 고용하여 퇴적층을 발굴했다. 동굴로 들어간 딸 마리아는 아버지에게 "위를 보세요"(알타Alta - 위)라고 소리를 친 데에서 이 동굴의 명칭이 나왔다. 사우투올라는 그것이 선사시대인들이 그린 벽화라는 것을 인정받지 못한 채 세상을 떴다. 그 후 프랑스의 서남부의 여러 동굴에서 벽화가 발견되면서 에밀 카르타야크(E. Cartaihac)는 1902년에 알타미라 동굴을 찾아가 '선사시대의 미술관'이라고 선언했다.

사용한 회화도구도 발견되었기 때문에 그것들은 동굴의 옆에 있는 지킴이의 작은 방의 진열실에 진열되어 있었습니다. 이전 사람은 어두운 방에서 어떻게 이러한 그림을 그렸을까. 아마도 등화를 사용했다고 한다면 동물의 유지방으로 그것을 켰을 것이라고 생각합니다. 이 동굴의 그림을 발견하였을 때 재미난 이야기가 있습니다. 발견자는 뛰어난 학자도 성인도 아니고 한 작은 딸이었습니다. 지금으로부터 60년 정도 전(1879년)에 이 부근에 사우투올라라는 사람이 살고 있었습니다. 그 사람은 오래된 동굴을 조사하는 일에 흥미를 가지고 어느 날 7, 8세의 딸[7]을 데리고 이 동굴 안으로 들어갔습니다. 동굴의 입구는 지금보다 좁고 안으로 들어가 딸이 "아버지, 거기 소가 그려져 있어요"라고 부르짖었습니다. "뭐라고. 그런 것이 있어?"라고 털면서 잘 보니 소나 말의 그림이 계속 7, 8개 정도가 나타났기에 사우투올라는 놀랐습니다. 그리고 그것을 계기로 동굴 연구를 하여 이것을 학계에 발표하였습니다만 당시 누구도 믿는 사람이 없이 사우투올라는 낙담하여 유감스럽게 생각하면서 세상을 떴습니다. 세상을 뜬 지 몇 년인가가 지나 그것이 처음으로 구석기시대의 그림이라는 것이 알려져 사우투올라의 업적이 인정을 받게 되었습니다. 지금도 그 동굴의 입구에 세워져 있는 비문에는 그 내용이 적혀 있습니다. 또 당시의 딸은 아직 살아 있기 때문에 거기에서 그렇게 멀지 않은 곳에 살고 있다는 것을 여자 지킴이로부터 들었습니다. 그녀는 그로부터 세월이 흘러 할머니가 되어 당시의 자신보다도 큰 딸의 어머니가 되었을 것이라고 생각합니다.

　알타미라 동굴의 그림과 정말 닮아 있는 그림은 앞서 말한 프랑스의 도르도뉴에 있는 것입니다. 이 동굴은 알타미라와는 다르고 높고 깊은 동굴로 양 벽에는 역시 다수의 동물 그림이 그려져 있습니다. 나는 여기

7) 마리아.

제25도 구석기시대의 사람이 동굴에 그림을 그리고 있는 모습

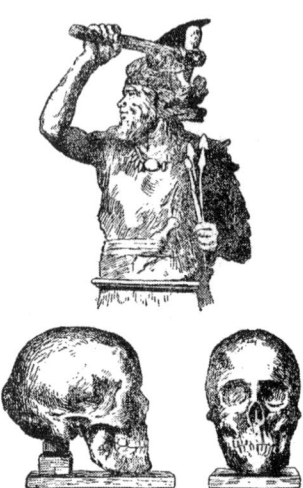

제26도 유럽 신석기시대인 상상도

에도 갔었습니다만 그림은 이전의 것보다 약간 떨어지는 것 같습니다만 대체로는 같은 느낌입니다. 그 외 프랑스의 동굴에는 이것과 크게 닮은 그림이나 약간 느낌이 다른 그림이 무수하게 있습니다만 그것들과는 전혀 다른 그림 방식을 구석기시대의 그림으로 인정할 수 있는 것은 동부 스페인의 동굴 등에 남긴 그림입니다. 모두 묘한 구도를 가진 인간의 그림으로 그것은 오늘날 남아프리카의 원주민 부시맨 등이 그린 그림과 매우 닮아 있습니다.

그러면 다음 방으로 들어가기 전에 비쳐 보지 못한 구석기류를 일단 보기로 합시다. 거기에 있는 것은 구석기시대의 마지막 시기인 오리야크(Aurignac : 역자)기의 것이고 그 다음의 것이 구석기시대에서 신석기시대로 이행되는 중간의 아줄 시기의 것입니다. 석기를 만드는 방식 등은 따로 발전하지 않습니다만 문자와 같은 것을 돌에 빨간 색으로 쓴 것이 있는 것은 보기 드문 것으로 생각합니다(제22도 좌하).

3. 신석기시대의 방

1) 패총과 호상(湖上) 생활

구석기시대와 신석기시대는 인종상으로도 문화상으로도 관계가 없고 동떨어진 별도의 것이라고 지금까지 많이 생각해 왔습니다만 최근에는 두 석기시대 사이에는 관련성이 있고 결코 관계가 없을 수 없다고 점차로 생각하게 되었습니다. 그리고 또 학자들 사이에는 두 시대 사이에 중석기시대(中石器時代)라는 중간을 설정하는 사람도 있습니다. 그것은 차치하고 신석기시대는 구석기시대와 비교하여 인종상으로도 문화상으로도 어느 정도 다른 점이 있고 이 시대가 되면 인종은 물론 현재의 세계 인종과 그야말로 같은 인종에 속하고 그 외 자연계의 상태도 오늘날에 크게 접근하게 됩니다. 그래서 석기를 사용했다는 점에서는 구석기시대와 변함이 없습니다만 인종상으로도 또 일반 문화상으로도 오히려 후의 청동기시대와 깊은 관련이 있는 것입니다. 또 신석기시대 이후 계속된 시대는 구석기시대에 비하여 대체로 짧은 기간이고 구석기시대의 백분의 일에도 미치지 못하는 정도입니다.

신석기시대가 되면서 기후 그 외 세계의 상태는 오늘과 그렇게 변하지 않고 다만 해안선이 지금보다도 육지로 들어와 있었다는 정도에 지나지 않습니다. 그 시대에 살고 있던 동물들도 오늘날 우리들이 보는 것과 크게 다르지 않고 맘모스라는 거대한 코끼리나 순록이 유럽 등에 살고 있다는 것은 이미 없어져 버렸습니다. 도대체 신석기시대의 인간은 어떤 곳에 살고 있었던가 하면 물론 동굴에 사는 사람도 있고 산 중에 사는 사람도 있었습니다만 해안 가까운 곳에 주거하면서 물고기나 조개를 잡아 그것을 먹은 사람들이 많았던 것 같습니다. 그래서 그 당시의 사람이 거주한 흔적이 해안 부근에 남아 있고 우리들이 먹고 버린 조개껍질이나 물고기나 동물 뼈 등이 쌓여 있는 곳이 있습니다. 이러한 장소에는 흰 조개껍질이 가장 눈에 띄기에 우리들은 이것을 패총이라고 부르고 있는 것입니다. 패총에서는 조개껍질이나 뼈 외에 그 시대의 인간이 사용하고 있던 석기나 골기나 토기와 같이 파손되어 버린 것들이나 혹은 유실한 것 등이 발견됩니다. 이 패총은 전에 이야기했듯이 원래 해안에 살고 있던 인간의 거주지 옆에 생긴 쓰레기장입니다. 그러므로 해안 가까운 곳에 있었다는 것은 틀림없습니다만 오늘날에는 해안으로부터 멀리 때로는 몇 리나 떨어진 곳에 있는 경우가 있습니다. 이것은 그 후 육지가 점점 융기하여 바다 물이 빠져 나타난 것입니다. 또 그 반대로 덴마크 등과 같이 바다가 육지로 들이쳐 왔기 때문에 오늘날에는 바다 안에 패총이 잠겨 있는 곳도 있습니다.

패총을 처음 연구한 사람은 덴마크의 학자[8]였습니다. 처음에는 많은 조개껍질을 과연 이전의 사람이 조갯살을 먹고 버렸을까 하는 의문을 품었습니다만 어느 학자가 면밀히 조사한 결과 버린 조개껍질은 모두 성숙한 조개뿐이고 미성숙한 조개는 없고 또 껍질이 한쪽만 많이 있다는 것을 알았습니다. 혹시 자연적으로 조개껍질이 쌓였다고 한다면 그 가운데에는 분명히 먹을 수 없는 성숙하지 않은 조개도 섞여 있지 않으면 안 되는 것인데 크고 성숙한 조개뿐이고 또 조개껍질의 한쪽만이 있

---

8) 백과사전 등에는 덴마크에서 처음 패총을 발굴했다는 서술만 있을 뿐 누가 발굴했는가에 대해서는 불명하다.

다는 것은 자연적으로 쌓인 것이 아니라 이전 사람들이 먹고 껍질을 버린 것이라는 것이 틀림없다는 것입니다. 여전히 이 패총은 유럽의 해안지방뿐만 아니라 미국 그 외 세계 각국에 있습니다. 일본에도 많이 있습니다만 일본의 패총에 대해서는 뒤에서 이야기하겠습니다.

신석기시대의 사람들은 어느 곳에서는 호수 가운데 말뚝을 박고 그 위에 작은 집을 만들어 살고 있었습니다. 그리고 그 작은 집이 많이 모여 하나의 촌락을 이루었습니다. 이것을 호상주거 혹은 익상주거(杙上住居)라고 부릅니다. 이탈리아 북부나 스위스 주변에 이 유적이 많이 있습니다. 그것은 마침 오늘날 보르네오의 파푸아 사람이나 싱가포르 주변의 해안에서 찾아 볼 수 있는 것과 마찬가지로 육지와의 교통은 대체로 작은 배를 이용한 것이었습니다(제27도). 왜 이런 곳에 살고 있을까요. 거기에는 여러 이유가 있을 것이지만 그 하나는 적의 습격을 피하고 맹수의 피해를 피하기 위한 것입니다. 또 육지의 집에 살아 더러운 티끌과 먼지를 주변에 버리면 불결할 뿐만 아니라 여러 병에 걸리는 것을 알고 불결한 물품을 물에 버리고 청결한 생활을 한다는 의미도 있었던 것이 아닌가 생각합니다. 물론 이 작은 집은 불에 타기도 하고 부서지기도 하여 오늘날에는 남아 있지 않습니다. 그 흙 위의 봉만이 물에 남아 있습니다. 지금으로부터 수십 년 전의 어느 해, 스위스의 취리히 호수(Lake Zurich)의 물이 없어져 바닥이 드러났습니다. 그 바닥에 봉이 1만 개가 옆으로 옆으로 세워져 있는 것을 켈러 (Ferdinand Keller, 1800~1881

제27도 현대수상생활

9) 현재는 유네스코에 의하여 세계문화유산으로 지정되었다.

: 역자)라는 스위스 고고학자가 발견하여 연구한 결과 이것은 이전 사람들의 호상생활의 흔적이라는 것을 알았습니다.[9] 그 증거에는 그 봉이 있는 부근을 발굴해 보니 당시 사람들이 떨어뜨리기도 하고 버린 석기나 토기 등이 발견되었고 직물이나 나무 열매까지가 잘 남아 있었습니다. 그러나 호상주거는 신석기시대뿐만 아니라 다음의 청동기시대까지도 이어져 있었다는 것이 호수에서 가장 깊은 데에서 석기가 발견되었고 낮은 위로부터는 청동기가 발견됨으로써 알 수 있었습니다.

제28도 유럽 고대 호수 위 주거 상상도

내일 이 벽에 걸려 있는 그림을 보십시오. 남아 있던 토대의 봉을 상상하여 호상주거의 작은 집을 그린 것입니다(제28도). 그 옆의 그림은 현재 남양에서 실행하고 있는 수상주거입니다만 얼마나 닮아 있는가를 알 수 있을 것입니다(제27도). 여전히 이탈리아 북부 등에서는 물은 없어도 낮은 습지에 봉을 세우고 그 위에 작은 집을 만들어 살고 있던 사람이 신석기시대부터 청동기시대에 걸쳐 있었습니다.

2) 마제석기와 토기

그러면 신석기시대 사람들은 어떠한 생활을 하고 있있는가. 역시 구석기시대의 사람과 마찬가지로 돌을 자르기도 하고 두드리기도 하여 제작한 매우 조악한 기물도 사용하고 있었습니다만 그 외에 이 시대에는 돌을 갈아서 빛나고 아름다운 것을 남기기 시작하였습니다. 또 석기 형태도 대체적으로 이전 시대보다는 작은 것이 많을 뿐만 아니라 석기를 사용한 용도가 여러 다른 형태의 것으로 나뉘어져 발달해 갔습니다. 예를 들면 편평한 칼날을 양쪽에서 간 돌도끼 혹은 긴 창 혹은 포정 등 사용에 편리한 여러 형태가 나왔습니다. 그리고 이것들은 모두 그 후 발달하여 오늘날 금속기물이 되어 갔습니다. 또 이 시대에 가장 큰 발명은 활이 처음으로 사용되기에 이르렀다는 점입니다. 그것은 활 끝에 붙이는 활의 밑돌[根石]이 있는 것으로 알 수 있습니다. 투창과 같은 것은 혹은 있었는지 모르겠습니다만 활과 같은 나르는 도구는 구석기시대에는 볼 수 없는 것으로 실제로 신석기시대의 신식 무기입니다. 이 발명은 마침 근대에 철포의 발명과 같

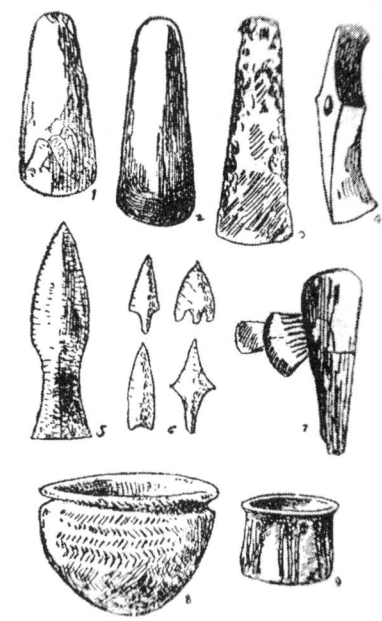

제29도 유럽 신석기시대 유물

이 당시 사람들에게 수렵이나 전쟁 때 편리하고 또 어느 정도 유효했는가 하는 것은 상상됩니다. 다만 지금 언급한 석기는 이 선반에 진열되어 있듯이 세계 각국에서 나온 것입니다만 그 형태는 대체로 닮아 있는 것으로 큰 차이가 없습니다(제29도).

또 신석기시대부터 인류가 발명한 귀중한 물품은 토기입니다. 토기라고 하면 점토로 형태를 만들고 그것을 불로 구운 것입니다. 더욱 오늘날과 같이 딱딱한 토기나 유약을 사용할 수 없었기 때문에 이른 바 유약을 바르지 않은 토기입니다. 어떻든 토기가 발명되면서부터 인간은 생활에 매우 편리함을 얻게 되었습니다. 지금까지 물을 긷거나 그것을 보

존하기 위해서는 야자열매의 껍질이나 조개껍질 등을 사용하는 것 외에 방법이 없었습니다. 이것들은 크기에 제한이 있고 형태도 일정합니다만 토기의 경우 큰 물건을 넣을 것도 생각한 형태의 것도 자유롭게 만들 수가 있습니다. 그래서 수렵에서 잡은 동물 고기는 토기 안에 소금으로 절여서 보존하기도 하고 물이나 그 외 흘러 움직이는 유동물을 병에 넣어서 자유롭게 옮길 수도 있게 되었습니다. 또 이전 물을 끓이는 것이 매우 곤란하였고 겨우 돌의 움푹 페인 곳에 물을 넣어 거기에 불에 데운 돌을 넣는다든가 조개껍질에 넣은 물을 불에 가까이 하여 약간의 더운 물을 얻는 것에 지나지 않았던 것입니다. 그러나 토기가 발명되고부터는 많은 물을 데울 수가 있게 되었습니다. 아마 구석기시대의 사람들은 더운 물로 몸을 닦지 않았기 때문에 몸도 더러워 불결하였을 것인데 신석기시대에 들어서는 목욕 장소는 없었다고 하더라도 따뜻한 물로 몸을 청결하게 할 수 있게 되었다고 상상됩니다(제29도).

　　토기의 발명은 특히 큰 진보를 인간 생활에 가져다주었습니다. 그것은 지금까지는 식물을 익히는 것을 몰랐던 인간이 토기로 동물고기며 식물이며 자유롭게 익힐 수가 있게 되어 지금까지 먹을 수 없었던 것이나 식물도 익혀 먹을 수가 있게 되었습니다. 그 결과 종래 다만 식물 재료를 모으기 위해 하루 종일 수고하여 일을 하던 인간이 모은 식재료의 저장이 가능하게 되고 식료가 풍부하게 되었기 때문에 일을 할 힘에 여유가 생겨 그것을 다른 방면으로 사용할 수 있게 되었습니다. 따라서 문명이 한층 진보하게 되었기에 토기의 발명은 문명 역사상 일대 사건으로 어느 학자의 말을 빌리면 토기를 모르는 인간생활을 야만적 생활, 토기를 가진 인간의 생활을 반개(半開)생활이라고 구분할 정도입니다. 우리들은 오늘날의 생활에 차 잔이나 병 등을 없애 버렸다면 어느 정도 불편하였을까는 충분히 상상할 수 있습니다.

그러면 이러한 귀중한 토기를 누가 어디에서 발명하였을까 하는 것은 쉽게 알 수 없습니다만 처음 점토가 물에 젖으면 부드럽게 되고 생각한 형태로 만들어지는 것이 알려지고 또 젖은 점토가 불 옆으로 옮겨지면 단단하게 되는 것을 알았다는 것 등이 발견의 단서가 되었던 것 아닌가 생각됩니다. 또 바구니의 외측이나 내측에 점토를 발라 바구니와 함께 불에 굽는다는 제작법도 있었던 것 같습니다.

3) 거석기념물

신석기시대에 인류가 만든 것에는 앞서 언급한 석기나 토기 외에 여전히 매우 큰 멋진 것이 있습니다. 그것은 사람 몸의 몇 배나 되는 돌로 만들어진 무덤이나 종교 목적에 사용된 돌이 매우 크기 때문에 우리들은 그것을 거석기념물이라 이름을 붙이고 있습니다. 거기에는 여러 종류가 있어 그 하나로 입석(맨힐)이 있습니다(제31도 2). 그것은 대체로 하나의 크고 긴 돌이 우뚝 서 있는 것으로 그 높이가 5, 6척이나 되는 것도 있습니다만 큰 것은 5, 60척이 되는 것도 있습니다. 이것을 무슨 목적으로 사용하였을까는 분명히 모릅니다. 이 거석을 이전 사람이 신으로서 숭배한 것인가 또는 귀중한 장소의 목표로서 한 것인가 라고 상상하는 것 외에는 없습니다. 나는 1928년에 프랑스의 서해안에 있는 카르낙(Carnac : 역자)이라는 곳에 있는 큰 입석을 보기 위해 갔습니다만 가장 큰 것은 지금은 세 개로 나누어져 지방에 있습니다. 원래는 직립하고 있던 것으로 높이는 6, 70척이나 되는 것도 있습니다만 2백여 년 전에 번개에 맞아 넘어졌다고 합니다. 카르낙의 입석보다도 작은 것은 프랑스

제30도 거석기념물(1) 제31도 거석기념물(2)

에 무수히 많습니다만 재미난 것은 행렬석(프랑스어 alignement : 역자) 이라고도 칭하는 것으로 6, 7척부터 12, 3척 정도의 높이를 가진 돌 수백 개가 일정한 간격으로 나열되어 있습니다. 이것도 어떤 목적으로 만들어진 것인가는 알 수 없습니다만 역시 종교적인 의미에서 만들어졌지 않았을까 생각됩니다. 카르낙에 있는 행렬석은 1200개의 돌이 병사와 같이 나열되어 있는 것이 있었습니다(제30도 1).

또 큰 돌로 둥근 원과 같이 둘러 있는 원상열석이라는 것이 있습니다. 이것에는 돌의 대소는 여러 가지입니다만 큰 것은 원의 직경이 109미터 정도나 되는 것도 있고 돌의 높이는 2, 3척에 이르는 것도 있습니다. 오늘날 세계에서 가장 유명한 것은 영국의 스톤헨지(stonehenge :

역자)¹⁰⁾입니다. 지금 비행장이 되어 있는 솔즈베리(Salisbury : 역자)의 넓은 들에 거석들이 둥글게 둘러싸여 있는 이유를 알 수 없는 모습으로 서 있습니다(제32도 2, 3). 비행기를 타고 밑으로 이유를 알 수 없는 오래된 유물을 볼 때는 하나는 20세기, 현재 하나는 기원전 20세기로도 거슬러 올라갈 만한 고대의 것을 동시에 눈앞에서 바라보며 일종의 감정에 빠져듭니다. 스톤헨지의 중앙에 서서 동쪽을 바라볼 때는 태양이 떠오르는 것을 정면에서 볼 수 있기에 태양숭배와 관련이 있는 종교상의 목적에서 만들었을 것이라고 말하는 사람도 있습니다만 실제 어떠한 목적에서 이 들판에 이러한 것을 세웠을까를 확인할 수 있는 것은 없습니다. 더욱이 스톤헨지는 신석기시대 말기에 청동이 사용되기 시작된 시대에 만들어진 것이라고 이야기되고 있습니다. 어떻든 이상 이야기한 거석기념물 모두는 신석기시대부터 만들어지기 시작하였다는 것은 틀림없습니다.

   지금 하나의 큰 돌로 만든 것으로 석궤(石机), 즉 스톤이라는 것이 있습니다. 그것은 약간 편평한 돌을 세 방향에 세우고 그 위에 역시 편평한 큰 돌을 얹은 언뜻 보면 테이블의 모양을 띤 것이 있습니다. 돌멘(Dolman : 역자)이라는 단어도 돌 책상이라는 의미의 단어입니다. 이 테이블 밑에 인간을 매장한 것이기에 이것은 의심의 여지없이 무덤입니다(제31도 1). 이 돌멘은 석기시

10) 세계 불가사의 가운데 하나이다. 1872년에 영국의 고고학자 페트리는 부친과 함께 정밀조사를 한 적이 있다. 이 스톤헨지의 용도(기능)가 무엇이었을까에 대해 다각도로 연구가 진행되고 있는 가운데 스톤헨지의 구조와 태양의 움직임과 연관시켜 그것을 분석한 연구도 있고, 스톤헨지를 원형으로 복원하여 그려보기도 하였다. 종교와 관련시킨 연구도 있어 종교의례의 장소가 되기도 한다. 1986년에 세계문화유산으로 지정되었다.

제32도 거석기념물(3)

대부터 청동시대에 걸쳐 이루어진 것으로 나중에는 점차로 돌로 만든 긴 회랑과 같은 방이 생겼고 그 돌 위에 흙을 덮은 둥근 고총이 나타났습니다. 이 석실이 있는 총은 신석기시대부터 다음의 청동시대 이후에 크게 세계 각 국에 나타난 것으로(제31도 3, 4), 일본에도 많이 있습니다만 일본에는 매우 오래된 석기시대의 돌멘은 없습니다.

지금 언급한 여러 거석으로 만든 기념물로 이용된 돌은 많게는 산이나 계곡에 있는 형편이 좋은 자연석을 취하여 그대로 사용한 것으로 그렇게 인공을 가하지 않았습니다. 그러나 이러한 큰 돌을 운반하기에는 어느 정도의 노동력이 필요합니다. 오늘날과 같이 기계의 힘이 없는 시대였기에 다만 다수의 사람들이 힘을 합쳐 때로는 소와 말의 힘을 빌렸는지도 모르겠습니다만 많은 경우 인력으로 이루어졌을 것입니다. 그러므로 당시에 이미 협동 일치하여 일을 하는 하나의 단체·사회라는 것이 나타났고 또 그것을 지배하는 우두머리, 즉 추장과 같은 존재가 없어서는 도저히 그러한 일을 할 수 없기에 이 큰 공사의 유물을 보는 것만으로도 당시의 사회상태를 고찰할 수 있습니다. 또 20척이나 30척이나 높은 돌을 양측에 세우고 그 위에 옆으로 거석을 놓고 있는 것은 인력만으로 이루어질 수 있는 것은 아니고 여러 고안을 세웠을 것입니다. 거기에는 먼 곳에서 흙을 이 참에 실어 경사진 길에 쌓아올려 그 곳으로 돌을 밀어 올려서 이것을 종으로 세운 다음 그 위에 횡석(橫石)을 올린 것으로 경사진 길의 토사는 그 후 없앤 것으로 상상됩니다.

이렇게 큰 거석기념물은 박물관으로 운반해 오는 것은 도저히 가능하지 않았기에 거기에 있는 모형과 사진으로 그 대체적인 것을 아는 방법 외에는 없습니다. 다만 박물관의 중앙에는 돌멘의 작은 것을 원상태대로 가지고 와 설치해 놓았기에 후에 중앙으로 나와 보기를 바랍니다. 그리고 그 석실에 들어가 볼 수 있었다면 가장 작은 돌멘이라도 어느 정도의 크기인가를 통해서 큰 것은 어느 정도인가를 상상할 수 있을 것입니다.

또 돌멘이라는 무덤이나 맨힐(Menhir : 역자)이라는 입석 등에는 그때그때 원이나 삼각형을 돌 위에 새겨 넣은 것이 있기도 하고 크게 봉우리를 나란히 새겨 놓은 것이 있습니다. 그것은 무엇인가 종교적인 의미를 나타낸 것이기도 한 것이 아닌가 생각됩니다. 유럽의 지중해에 있는 몰타(Malta : 역자)섬의 큰 돌 묘, 그것은 돌멘이 점차로 진보하여 복잡한 형태가 된 것으로 매우 진기한 것의 하나입니다. 그 외 거석기념물 가운데 색다른 것은 역시 지중해의 살지니야 섬에 있는 네르게라는 것으로 이것은 돌을 둥글게 쌓아 밑 부분은 두껍고 앞으로 갈수록 작아져 가늘게 되어 있는 탑과 같은 것으로 다른 지방에서는 볼 수 없는 것입니다.

4) 금속의 발견과 사용

인류는 전에도 언급했듯이 긴 기간 동안 돌로 기물을 만들고 금속을 사용하는 것을 몰랐습니다. 스스로 천연적으로 돌 사이에 들어가 있기도 하고 혹은 모래 사이로 굴러 들어가 있는 금속 등을 알고 드디어 그것을 사용하게 되었습니다. 그리고 그러한 금속으로 만든 기물 쪽이 돌로 만든 것보다도 형편이 좋은 것을 알고부터는 점차로 돌 대신에 금속으로 만들게 되었습니다. 그러면 금속 가운데에서 가장 일찍 발견된 것은 무엇이었을까 하면 금과 동과 철의 3종류였던 것 같습니다. 그러나 금은 순려하고 장식이 됩니다만 질이 연하여 칼날 등으로 해서는 실제 도움이 되지 않습니다. 그래서 동과 철 두 가지 가운데 어느 것이 사용되기에 이르렀습니다. 과연 어느 것이 우선 사용되었을까에 대해서는 지금 여전히 논의 중에 있습니다. 한편에서는 철 쪽이 땅 속에서 발굴하기 쉽기 때문에 일찍부터 사용되었다는 설이 있고 또 다른 한편에서는 이집트와 같이 오랜 시기에 이미 철이 발견되었다는 설도 있습니다만 실제로는 오늘날 남아 있는 여러 기물에서 생각하면 동과 주석의 합금인 청동이 가장 일찍이 돌 대신에 널리 사용되기에 이르렀다고 말할 만합니다.

    그렇다면 그 동은 처음 어디에서 발견되었는가 하면 그것 역시 분명히 알 수 없습니다. 어떻든 아시아 서쪽에서 우선 크게 사용되었고 그것이 남 유럽으로 점차 확산되어 갔다는 것만은 분명히 알 수 있습니다. 이 동 혹은 청동을 사용한 인간은 앞서 언급한 신석기시대의 인류와 역시 같은 인종으로 돌로 만든 솥과 같은 기물을 처음은 그것과 같은 형태로 금속으로 만든 것입니다만 그것은 점차 사용하기에 편한 형태로 변해 간 것입니다. 또 청동에 주석을 섞으면 주물로 하기 쉽고 게다가 굳어져 튼튼한 것이 된다는 것도 처음에는 우연히 알았던 것 같습니다만 여러 번의 경험으로 청동 구분(九分)에 주석 1분(分)을 섞으면 기물로서는 형편이 좋게 된다는 것을 알았기 때문에 청동기시대 끝 무렵에는 혼합의 보합이 대체로 그 비율로 되어 있습니다. 이집트의 진보한 문명도 사용한 기물에서 보면 청동을 일반적으로 많이 사용하고 있습니다. 또 그리스 문명이 나타나기 전에 크레타 섬이나 그 부근에 발달한 문명도 역시 청동기시대에 속하는 것이었습니다. 유럽에서는 남방에는 일찍이 철이 들어와 있었습니다만 북방이 덴마크나 스웨덴이나 노르웨이 등에서는 철이 들어 온 것이 크게 늦었기 때문에 오히려 청동으로 기물을 만드는 것이 발달하여 훌륭한 청동기가 많이 나오고 있습니다. 보십시오. 이 벽에 걸려 있는 청동기를 보면 처음은 돌도끼부터 같은 형태의 청동 도끼가 되고 그것이 점차 발전하여 손잡이가 있는 것이 나오기도 하고 또 짧은 삼각 검이 길게 편평한 검으로 발전해 간 부분을 잘 알 수 있습니다(제33도).

이 청동기시대는 유럽뿐만 아니라 아시아에서도 있었습니다. 중국에서는 은나라에서 주나라 시대까지는 청동이 주로 사용되었습니다만 그 청동은 중국 스스로 발명한 것인가 또 서구의 국가로부터 전해진 것인가는 아직 충분하게 연구되어 있지 않습니다.

그런데 인간이 청동을 사용하고 있는 동안 철 쪽이 구리보다도 견고하고 칼날 등에는 형편이 좋다는 것을 알았기에 결국에 청동 대신에 철을 사용하게 되었습니다. 그로부터 그 뒤를 철기시대라고 합니다만 유럽에서는 철기시대의 가장 오래된 시대를 할슈타트(Hallstatt : 역자)시대라고 칭합니다. 그것은 오스트리아의 할슈타트의 고분에서 출토된 철기가 그 특징을 잘 표현하고 있기에 그러한 이름이 붙여진 것입니다. 그 다음 약간 뒤의 유럽 철기시대를 우리들은 라 테네(La Tene : 역자)시대라고 부릅니다만 이것은 스위스의 어느 지명에서 출토된 것이 대표적인 것이 되어 있기 때문입니다. 그리스 문명도 철기시대의 것으로서 지금으로부터 3천 년 전에 철이 그리스에 들어와 앞의 청동시시대의 문명 대신에 새롭게 훌륭한 문명을 만들기 시작합니다. 그러나 철이 처음 사용되었을 때는 청동만을 사용하고 있던 이전 시대보다도 반드

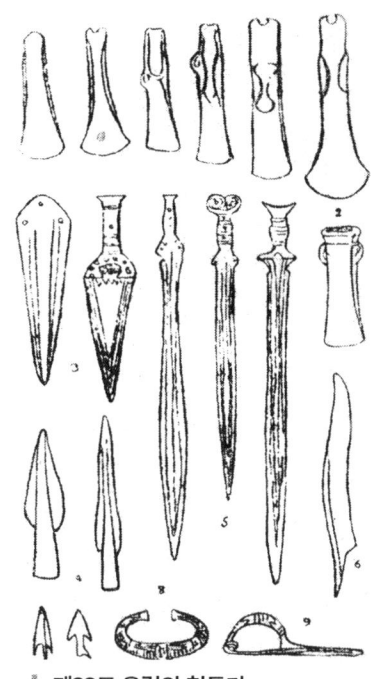

▍제33도 유럽의 청동기

시 문명이 발전되어 있었다고는 말할 수 없습니다. 전에 언급했듯이 훌륭한 이집트 문명도 크레타 섬에 있던 그리스 이전의 매우 발전한 문명도 모두 청동시대에 속하는 것을 잊어서는 안 됩니다.

그리고 청동시대에서 철기시대에 걸친 문명의 이야기입니다만 국가에 따라서 모두 다른 형태로 나타났고 이미 역사 이후의 시대로 들어가기 때문에 그 시대에 나타난 물품들을 모두 이 박물관에 진열하는 것은 도저히 불가능합니다. 그것은 또 다른 박물관에 진열되어 있습니다만 여러분은 그 곳으로 가서 보십시오.

그래서 우리들은 지금부터 서양이나 그 외 외국의 것은 이 정도만으로 보고 일본에서 나온 석기시대부터 오래된 물품을 보러 가기로 합시다. 마침 중앙을 나왔으니 나는 담배 한 대를 피고 여러분도 잠깐 쉬도록 하시지요.

제3. 고고박물관(하)

1. 일본 선사시대의 방

1) 일본의 석기시대

지금부터 서양의 물품이 아니라 일본의 오래된 시대의 물품을 이야기하려 합니다. 그런데 지금까지 언급한 석기시대부터 점차로 금속기의 시대로 인류가 진보해 간 순서는 일본도 서양과 마찬가지입니다. 그렇지만 처음 언급한 오랜 구석기시대는 일본에도 있었는지는 모르겠으나 오늘날까지 관련 유물이 조금도 발견되지 않고 있습니다. 그 때문에 지금까지는 일본에서 가장 오래된 것은 신석기시대의 것이고 그 다음에 금속기시대로 이어지고 있습니다.

그러면 일본은 언제까지 석기시대였는가 하면 잘은 모르겠습니다만 적어도 지금으로부터 2천 년 정도 전까지 석기를 사용한 흔적이 남아 있는 것 같습니다. 그리고 그 전 2, 3천 년 전 정도도 석기시대였던 것으로는 생각됩니다만 그 쯤 되면 유감입니다만 연대를 확정하기가 어렵습니다.

일본에서도 이전부터 토지를 경작하기도 하고 산이 무너지기도 한 시대에 우연히 석기가 발견된 것이 누차 있었습니다. 그러나 이전에는 이 석기를 인간이 만들었던 것이라고는 생각하지 않고 돌도끼를 보고 번개의 신이 떨어뜨린 것이라든가 돌화살촉을 보고는 신이 전쟁하였던 때의 것이라고 생각하기도 하여 자연적으로 생긴 것이라고 믿었습니다.

지당하듯이 일본뿐만 아니라 서양에서도 이전에는 모두 이같이 생각하고 있었습니다. 또 이해할 수 없는 돌을 수집하는 호고가(好古家)들 가운데에는 매우 많이 수집한 사람도 있었습니다. 그 중에 유명한 사람으로 지금부터 150년 전에 오우미(近江)에 거주하고 있던 기노우치 세끼테이(木内石亭)[1]가 있습니다. 그런데 이 사람은 수집하고 있는 동안 이것은 천구(天狗)가 사용한 것이나 신의 소유물이 아니라 인간이 이전에 사용하였을 것이라고 생각하기 시작했습니다. 아라이 하쿠세끼(新井白石)[2]와 같은 뛰어난 학자는 그것은 이전 홋카이도의 사할린에 살고 있던 숙신(肅愼)이 사용하였을 것으로 생각하고 100년 정도 전에 일본에 온 시볼트(P. Franz Von Siebold)[3]라는 서양인이 이것은 이전의 아이누

제34도 기노우치 세끼테이

1) 1725~1808. 기석(奇石)이나 명석(名石) 등에 관심을 가졌고 본초학(本草學)이 확대하여 열린 물산회(物産會)에 참가하여 활동하였다. 1751년에 오사카에 가서 츠시마(津島如蘭)으로부터 본초학을 본격적으로 배웠다. 2천 종이 넘는 돌을 수집하였고 그 가운데에는 광물, 석기 및 화석 등도 포함되어 있었고 석촉의 인공설도 주창하여 고고학의 선구자로 평가받고 있다. 『운근지(雲根志)』를 저술하였다.

2) 1657~1725. 에도시대 중기의 정치가 겸 주자학자. 그의 학문은 주자학 외에 역사학, 지리학, 언어학, 문학 등 다기에 걸쳐 있다. 저술 가운데 고대사에 관해서는 『고사통(古史通)』이 있다.

사람이 사용하였을 것으로 말하고 있었습니다.

그러나 사람이 이 석기를 사용한 것이고 또 이 석기를 사용한 인간이 일본의 여기저기에도 살고 있었다는 것을 현장의 발굴과 연구로 실제로 알게 된 것은 최근의 일입니다. 그것은 지금부터 60여 년 전에 미국에서 일본의 대학교수로 온 모스 (E. S. Morse)[4]라는 동물학자로 일본에 오기 전에 미국의 플로리다에서 석기시대의 패총을 발굴한 경험을 가지고 있었고 그 방면에서도 전문적인 사람이 있었습니다. 1889년에 배로 요코하마에 도착

제35도 모스

하였고 그 시기 생긴 기차를 타고 동경으로 가던 중에 기차의 창가를 통해 그 주변의 풍경을 보고 있었습니다. 그런데 오모리역(大森驛) 부근의 철로선 위에 조개껍질이 많이 널려 있는 것을 발견하고 이것은 분명히 석기시대의 패총이 틀림없다고 생각하여 그로부터 얼마 되지 않아

---

3) 1796~1866. 남독일 출신으로 대학에서 의학과 함께 동식물학, 지리학, 인종학 등을 공부했다. 졸업 후 개업을 했다가 일본 데지마(出島)의 네덜란드관의 의사로 일본으로 오게 된다. 그 때 그의 나이 27세였다. 그는 1829년(33세)까지 일본에 머물면서 의사활동과 함께 일본문화에 대한 종합적이고 과학적인 연구를 하였다. 또 그가 일본에 온 것은 네덜란드 무역회사의 고문 자격으로 1858년이었다. 그는 『日本』이라는 편저를 통해서 서구에 일본의 고고학을 소개했다. 齋藤忠, 『日本考古學人物事典』, 學生社, 2006 : 245-246.

4) 명치정부는 근대화를 서구의 전문 학자들을 정부고용 교사로 초빙하여 추진했다. 1872년에 369명이었다. 1885년에는 전문가가 일본인으로 대체되면서 초빙 교사의 수는 155명으로 감소되었다. 모스도 그 가운데 한 사람이었다. 그는 정규적인 학교교육과정을 밟지 않았다. 중학교 졸업 후에 자연에 대한 관심으로 대서양의 조개, 달팽이, 동물들 등을 수집 조사하던 중 1859년부터 1962년까지 하버드대학의 동물학자 아가시(J. L. R. Agassiz)의 지도 하에 동물학에 대하여 깊이 공부를 할 수 있었다. 1866년 미국박물학회를 창립하고 보드윈대학(Bowdoin College)의 비교해부학 및 동물학 전공 교수가 되었다. 1877년에 일본 연해의 완족류를 조사하기 위해 일본을 찾았고 동경으로 향하는 기차 안에서 패총을 발견하게 된다. 그것이 지역 이름을 딴 오모리패총이다. 오모리패총의 발굴은 일본 근대 고고학의 시작을 알리는 계기가 되었을 뿐만 아니라 일본인의 기원 논쟁의 발단이 되기도 했다. 오모리패총 발굴 결과 인골 외에 토기와 석기 등이 출토되었고 인육 습속도 발견되었다. 보고서에서는 인육 습속에 관한 언급은 제외되었다. 梅溪 昇, 『お雇い外國人』, 講談社, 2007 참조.

이 오모리의 발굴에 착수하였습니다. 과연 그것은 패총이었고 석기나 토기가 다수 출토되었습니다. 이것은 일본에서 패총을 연구하기 위해 발굴한 최초입니다. 모스 선생은 13,4년 전 미국에서 세상을 떠났습니다만 작년 모스 선생의 기념비가 세워졌습니다. 모스 선생의 제자들이나 또 그 후에 나온 학자들이 열심히 동경 부근의 패총을 조사하여 석기시대의 상황을 연구했습니다. 그 가운데에서도 지금부터 30년 정도 전에 세상을 떠난 동경제국대학 교수였던 츠보이 쇼고로(坪井正五郞)[5] 박사는 가장 열심히 연구하였습니다. 우리들도 중학생 시기부터 츠보이 선생의 가르침을 받아 그로부터 이 학문을 좋아하게 되었습니다.

오늘날에는 일본의 전국 어디를 가든 북으로는 사할린 홋카이도부터 혼쥬(本州) 전체 시코쿠(四國) 규슈, 서쪽으로는 조선, 남쪽으로는 대만까지 어디든 석기시대의 유적이 발견되지 않는 곳이 없습니다. 그리고 3천년, 5천년 전부터 일본의 섬 여기저기에는 인간이 살았고 석기시대의 문명을 길게 계속 유지하고 있었다는 점을 알게 되었습니다. 우리들의 조상은 중국에서 진보한 문명을 받아 오늘날의 일본을 건설해 왔습니다만 그 원래는 역시 석기를 사용한 문명을 구축

제36도 츠보이 쇼고로

5) 츠보이 쇼고로는 일본의 인류학과 고고학의 토대를 구축하는 데 핵심적인 역할을 수행했다. 동경제국대학 이과대학에서 생물학을 전공하면서 같은 학교의 농학과 공학 전공 학생과 함께 "인류학의 친구"라는 모임을 시작으로 이를 발전시켜 1882년에 동경인류학회를 창립하였다. 그리고 인류학과 고고학 등이 혼재되어 있던 당시의 학회 상황에서 고고학을 별도로 독립시켜 1894년에는 고고학회가 창립되는 데 중심적인 역할을 수행했다. 동경인류학회 창립과 함께 동경제국대학 이과대학에 동물학·지리학교실 등 인류학교실이 생기고 츠보이는 대학원 졸업 이후에 문부성으로부터 유럽 유학(1889년부터 1892년까지 보통 3년)의 명을 받게 된다. 유학 후에는 인류학교실의 초대 교수로 임명되는 순서였다. 그는 유럽 유학 중에 시노교수를 선정하지 않고 독자적으로 도서관을 출입하며 유학생활을 하던 중 문부성으로부터 유학생의 자세에 관해 '경고'를 받게 된다.

한 조상입니다. 그렇다면 일본에서 석기를 사용한 인간들은 우리들의 조상인가 또는 다른 인종인가 하는 문제6)는 매우 어렵습니다. 석기시대의 무덤에서 나온 인골을 조사하면 오늘날 홋카이도에 남아 있는 아이누와 닮은 성질의 뼈도 있습니다. 또 오히려 오늘날의 일본인에 가깝고 아이누와는 크게 다른 뼈도 있기에 그 시대부터 일본의 각지에는 조금씩 변한 체형의 인간이 살고 있었던 것을 알 수 있습니다. 그래서 한쪽에서는 대체로 현재의 아이누에 가까운 체질을 가지고 있던 인간이 석기를 사용하고 있었던 것과 동시에 우리의 조상들도 석기를 사용하고 있었다는 것도 의심의 여지가 없습니다. 더욱이 조선과 대만의 석기시대에는 일본과는 전혀 다른 종족이 살고 있었다는 점은 주의가 필요합니다.

이에 대해 그는 그래도 런던대학의 타일러(E. Tylor) 교수 등과 만나기도 했다면서 경고에 대한 변명을 한다. 타일러 교수는 영국 인류학을 개척한 사람으로 『인류학개론(Anthropology)』과 『원시문화(Primitive Culture)』 등을 저술하였고 "잔존(survival)"이나 "애니미즘(animism)"이라는 학술적 용어를 창안한 사람으로도 유명하다. 그는 유학을 하는 동안 프랑스 파리에 에펠탑이 건립되고 세느강 옆에서 1889년에 열렸던 파리세계박람회의 인종전시를 인상적으로 관람하기도 하였고 이를 일본 국내의 제5회 내국권업박람회(1903년. 오사카) 때 <학술인류관>을 기획하여 인종전시를 하는 데 핵심적 역할을 하기도 한다. 이 학술인류관 전시에 조선에서는 여성 2명이 '전시'되었다가 일본 국내의 한국 유학생들의 반발로 약 30일 만에 중지되었다. 川村伸秀, 『坪井正五郎』, 弘文堂, 2013 참조.

6) 모스의 오모리패총 발굴 이후 일본인의 기원 논쟁이 전개되었다. 오모리 패총 발굴 결과 토기와 석기가 다수 출토되었으나, 이와는 달리 아이누족들은 토기를 만들지 않고 식인의 풍속이 없고 구옥(勾玉)이 발견되지 않았다는 점을 들어 아이누족 이전(프레 아이누, pre-Ainu)의 종족에 관심을 가지고 츠보이 쇼고로(坪井正五郎)는 홋카이도 아이누족들 사이에 전해져 내려오는 코로보클에 주목했다. 코로보클은 숲 속에 사는 난장이를 가리킨다. 한편 남방에서 온 종족이 일본 열도의 프레 아이누족을 물리쳤다고 보는 견해도 나왔다. 츠보이의 코로보클설에 대해서 대학 동기와 그의 제자가 반론을 제기했다. 츠보이의 대학 동기인 시라이 미츠타로(白井光太郞)는 코로보클은 일본 열도 내 여기저기에 거주했다는 점, 코로보클은 석기와 토기를 제작하지 않았으며 혈거하지 않았다는 점을 증명해야 할 것이라고 주장했고 츠보이의 제자인 도리이 류조(鳥居龍藏)는 아이누족에 대한 실제 조사 결과 수혈에 살고 토기를 사용하고 있다는 점을 들어 츠보이설의 문제점을 제기했다. 또 해부학 전공의 고가네이 요시키요(小金井良精)는 오모리패총의 출토 인골 지시수와 아이누 지시수가 일치한다는 점을 들어 츠보이를 공격했다. 일본인 기원 논쟁은 츠보이 쇼고로가 1913년에 세상을 뜨면서 일본인의 기원을 아이누족에서 구하려는 경향이 강해졌다.

2) 패총, 묘지 등의 유적

일본의 각지에서 석기가 많이 발견된다는 것은 지금 언급했습니다. 그것은 도대체 어떠한 곳에서 나왔는가 하면 여럿입니다. 그 가운데 가장 많은 곳은 유럽의 덴마크 등에서와 마찬가지로 패총에서입니다. 패총은 앞에서도 언급했듯이 이전 사람이 해안이나 호수 주변 등에 살았고 평소 먹고 있던 조개껍질 외 필요 없는 것을 버린 쓰레기터입니다. 패총은 오늘날 바다에서 멀리 떨어진 데에 많습니다만 이전에는 해안 가까운 곳에 있었습니다. 이러한 패총의 넓이는 큰 경우는 1정보(약 3,300㎡ : 역자) 이상의 것도 있고 그 높이는 수척 이상이 되는 것도 있습니다. 또 패총은 동경 부근에서 도카이(東海道), 산요우(山陽道), 큐슈(九州) 그 외 바다에 가까운 지방에는 일본 내 어디를 가든 볼 수 있습니다. 그리고 또 해안뿐만 아니라 호수 주변 등에도 담수산의 조개껍질로 이루어진 패총이 있습니다. 토오토우미(遠江 : 현 시즈오카현-역자)의 시지미츠카(蜆塚, 현층 : 시즈오카현 하마마츠시 중앙구-역자) 등은 그 한 예로 가막조개의 껍질 등이 있기에 그렇게 이름이 붙여진 것입니다.[7] 대체로 패총은 생물 가운데 비교적 일찍이 형태가 변하기 쉬운 것으로 가막조개라 해도 이전의 것은 오늘보다도 형태도 컸던 것입니다. 소라라 해도 이전과 오늘날은 껍질의 정도가 크게 달랐던 것 같고 피조개의 경우도 선(線)의 숫자가 조금씩 변하고 있는 것을 패총의 조개껍질을 조사해 보면 알 수 있습니다. 또 패총에서 발견된 조개로 오늘날 일찍이 근해에 보이지 않게 된 것도 있습니다. 이러한 연구는 고고학의 범위가 아니라 동물학자 또는 패류학자의 연구에 속하는

7) 야후 저팬에서 살펴보니 여기에는 조몬시대의 유적으로 시지미츠카유적이 있어 하마마츠박물관도 있다. 1955년부터 4회에 걸쳐 발굴조사가 이루어졌고, 3천 년 전부터 4천 년 전의 조몬시대의 유적이라는 점이 밝혀졌다.

것입니다만 여러분이 패총을 보았다면 여러 다른 종류의 조개껍질을 채집하여 올 필요가 있다는 점을 잊어서는 안 됩니다.

패총 다음으로는 조개껍질은 보이지 않으나 역시 인간이 거주한 흔적으로 보여 석기나 그 외 유물이 흙 속에 끼여 있는 곳이 있기도 하고 또 그것을 그 후 다시 발굴하여 논밭 위에 석기나 토기가 여기저기 흩어져 있는 곳이 있습니다. 여러분이 이런 곳에 갔다고 한다면 돌도끼나 돌화살촉 등이 떨어져 있는 것을 주울 수가 있습니다. 이전에는 많이 있었습니다만 최근에는 석기라는 것을 알게 되어 스스로 줍기도 하고 또 그것을 수집하러 가는 사람도 많아져 쉽게 줍기가 어렵게 되었습니다. 패총의 부근이나 석기시대의 사람이 살고 있던 터를 발굴할 때는 때때로 돌로 둘러싼 불을 땐 흔적이나 또는 작은 집을 지었을 때의 기둥을 심은 흔적 등이 둥글게 있는 것이 있습니다. 그러나 이 작은 집의 기둥이나 지붕 등은 썩기 쉬운 것으로 만들어져 있던 것이기 때문에 오늘날에는 전혀 남아 있지 않습니다. 이것들은 오늘날에도 시골에서 보게 되는 창고나 비료를 넣은 창고와 같은 간단한 작은 집이 있습니다만 말하자면 그것과 큰 차이가 없을 정도의 것으로 생각됩니다.

유럽에서는 구석기시대 후에는 기후가 매우 차가워졌기 때문에 동굴 안에서 인간이 살고 있던 적이 있습니다. 일본에서도 신석기시대에 거주하기에 적당한 동굴이 있는 곳에서는 역시 그 안에서 주거하는 것이 없지 않았습니다. 예를 들면 엣쥬 히미(越中氷見)의 대 동굴 안에는 지금은 작은 호코라[社]가 있어 신앙제사가 이루어지고 있습니다만 그 동굴 안에서 석기시대의 유물이 많이 나왔습니다. 그 외에도 각지에서 이러한 동굴은 발견되었습니다. 산 중턱에 2, 3척 정도의 동굴이 나란히 있어 이른 바 횡혈(橫穴)이라는 것, 이것은 석기시대의 것이 아니라 훨

씬 후 시대의 묘이기에 이것은 뒤에서 이야기하기로 하겠습니다. 그러나 석기시대의 인간도 무덤을 만들었습니다. 다만 그것은 지금 언급한 횡혈이 아니고 또 높은 무덤 산을 쌓는 것도 아니며 보통은 패총이 있는 곳이거나 인간이 거주하는 곳 근처에 토지를 2, 3척 파고 거기에 사체를 묻은 것입니다. 그리고 묘의 표시와 같은 것을 만들었는지 모르겠습니다만 그것도 현재에는 어떤 것도 남아 있지 않기에 알 수 없습니다. 그 때문에 우리들은 패총을 발굴하기도 하고 석기가 흩어져 있는 것을 발굴하기라도 하면 그 밑에서 석기시대의 인간 뼈가 나오기에 처음으로 거기가 묘지였다는 것이 알려지게 되었습니다. 이러한 묘지도 지금부터 20년 정도 전에는 알지 못하였습니다만 점차로 알게 되어 각지에서 속속 발견되기에 이르렀습니다. 육전송도(陸前松島, 리쿠젠 마츠시마)[8]의 미야도시마(宮戶島)나 미카(三河)의 요시코(吉胡), 카나이(河內)의 코후(國府), 비중(備中)의 츠쿠모(津雲), 히고(肥後)의 아다카(阿高) 등에서는 인간의 뼈가 매우 많이 나와 어느 한 장소에서는 100체에서 300체 이상의 뼈가 한 칸 정도의 거리를 두고 나란히 있는 모습이었습니다. 석기시대의 묘지가 여기저기에서 나타나 발굴하던 우리들도 실로 놀랐습니다. 그리고 이러한 인간의 뼈는 거의 완전하게 손가락의 뼈까지 남아 있는 경우가 적지 않습니다. 오히려 이후 시대의 큰 고분에서 석관 안 인간의 뼈까지 부패하는 것이 보통인 것에 비해 이 관통(棺桶)도 없고 흙 속에 묻힌 인간의 뼈가 잘 남아 있는 것은 언뜻 이상하게 느껴집니다. 관은 공기가 침투하여 부패하기 쉬우나 직접 흙 속에 묻은 때는 공기가 들어가기 어렵기 때문에 오히려 잘 보존되었던 것입니다.

석기시대의 인간은 어떻게 묻혔는가. 다리를 굽혀 무릎을 몸에 붙이

---

8) 일본 3경의 하나로 미야기현(宮城県) 북동부의 마츠시마만(松島湾) 내외에 있는 약 260개의 섬들과 그것을 둘러싼 다도해이다.

고 엎드린 것과 같은 형태로 묻은 것이 보통이고 몸을 길게 하여 묻은 경우는 매우 드뭅니다. 그 가운데에는 가슴 주변에 큰 돌을 놓은 것도 있습니다. 몸을 굽혀 묻는 것은 일본뿐만이 아니라 유럽에서도 석기시대에 행해지고 있고 오늘날 야만인 가운데에서도 그것을 찾아볼 수 있습니다. 그것은 아마 죽은 사람이 다시 살아 돌아와 생존해 있는 사람에게 나쁜 행위를 하지 않도록 하기 위해 다리를 굽혀 묻었다고 생각할 수 있습니다. 또 석기시대와 같이 아직 문명이 개화되지 않은 시대에도 부모와 자식 간 사랑은 오늘날과 다르지 않았기에 유아의 사체라도 결코 버리지 않습니다. 유아나 아동의 사체는 큰 토기 항아리에 넣어 특별히 묻는 경우가 많습니다. 또 미야도시마(宮戶島)에서는 노모나 소녀가 함께 묻었습니다만 이것은 아마 조모와 손녀딸이 동시에 병에 걸려 죽은 것을 묻은 것으로 생각됩니다. 그리고 그 소녀의 목에는 작은 돌 옥을 여럿 장식하고 있었습니다.

우리들은 이러한 묘지를 발굴하여 그 때의 인간들이 어떠한 종교적인 생각을 가지고 있었는가 하는 것도 알게 되었고 또 몸에 붙인 여러 장식으로 당시의 풍속을 알게 되었을 뿐만 아니라 뼈를 조사하여 어떠한 인종에 속하고 있었는가 하는 것도 생각할 수 있습니다. 그것이 지금 이야기한 석기시대의 인종이 무엇이었는가에 대한 1차 자료가 되는 것이기에 묘지의 연구는 패총보다도 더 중요한 것이 되고 있습니다.

3) 석기와 골각기

일본의 패총이나 그 외 석기시대의 유적에서 발견되는 석기는 매우 많고 이렇게 석기가 많이 있을까 놀라울 정도입니다. 왜 그렇게 많은 석

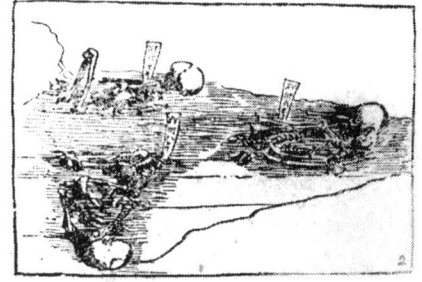

제37도 일본 석기시대의 유적

기가 남아 있는가. 그 뒤의 시대에 사용된 금속의 기물이 되면 흙 속에서 썩어 버리게 되기도 하고 혹은 썩지 않은 것은 버려 다른 기물로 다시 만들기도 하는 일이 있어 이전 사람이 처음부터 석기와 같이 아깝게 생각하지 않고 버리는 일은 하지 않았습니다. 그런데 석기는 흙 속에서도 썩지 않고 또 다른 기물로 개조하는 것도 대체로 가능하지 않기에 이전부터 석기에 그렇게 주의를 기울이는 사람이 없었습니다. 또 석기시대의 사람도 일단 석기가 파손되면 대체로 버려 버리지 이것을 개조하는 일은 없었습니다. 이것이 오늘날 많은 석기가 발견되는 이유의 하나입니다. 이 덕분에 우리들은 여러분과 함께 석기를 찾으러 가면 획득물이 있는 것입니다.

　석기에는 여러 종류가 있습니다. 선반에 하나하나 물품 종류별로 분류 진열하고 있기에 차례로 그것을 봅시다. 제일 우선 도끼 모양을 하고 있는 것입니다. 이것을 돌도끼라고 부르고 있습니다. 길이는 대체로 5, 6촌 혹은 2, 3촌 정도의 것으로 형태는 보듯이 장방형으로 한쪽 끝을 깎아 예리하게 한 것입니다. 대체적인 것은 양면에서 갈아서 마치 대합의 입과 같이 되어 있습니다. 그러므로 물품을 쳐서 자르는 데는 그렇게 잘 잘리는 것이라고는 생각할 수 없습니다. 또 칼 끝이 약간 넓어 삼미선(三味線)9)의 발목[撥]10)과 같이 되어 있는 것도 있고 칼을 한쪽에 붙인 끝

9) 일본 고유의 삼현 악기.
10) 은행잎의 형태를 띠는 것으로 삼미선을 연주할 때 사용하는 것이다. 재료는 나무, 상아, 거북껍질 등이다.

[鑿]과 같은 형식을 하고 있는 것도 있습니다. 이러한 도끼에는 옆으로 도려낸 것이 많습니다. 이러한 돌도끼는 모두 잘 갈아서 매끈하게 빛나게 하였고 매우 정교하게 만들었습니다. 그 중에는 길이가 1촌도 되지 않는 작으면서 아름다운 돌로 만든 도끼가 있습니다만 그것은 실제로 도움이 되는 것이었다고는 생각되지 않습니다. 아마 귀중한 보물과 같은 것이었을 것입니다. 또한 그것과는 반대로 1척에나 가까운 도끼가 있습니다만 이것도 또한 어떻든 실용에는 부적절한 것입니다. 아마 보물 혹은 돌도끼를 만드는 집의 간판이었을지도 모르겠습니다. 끌과 같은 칼끝이 붙어 있는 1촌 정도의 작은 돌도끼도 있습니다만 이것은 돌도끼라 하기보다는 석착(石鑿)이라고 해야 맞을 것입니다. 지금 언급했듯이 돌을 갈아서 만든 돌도끼를 우리들은 마제석부(磨製石斧)라고 말하고 있습니다(제39도).

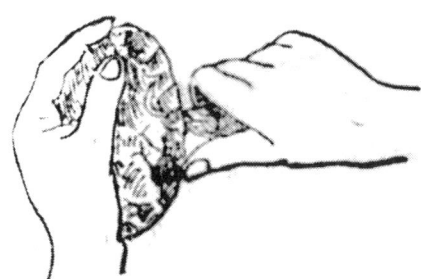

▮ 제38도 석기제작의 그림

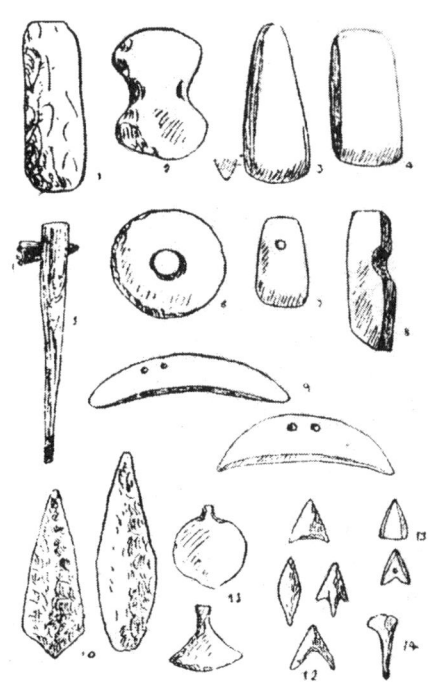

▮ 제39도 일본에서 발견된 석기

그 다음 돌도끼 가운데 갈아 만들지 않고 다만 돌을 깨서 만든 매우 거칠고 조악한 도끼가 있습니다. 거기에는 가늘고 긴 단책형(短冊型)의 것도 있으나 때로는 분동형(分銅型)의 것도 있습니다. 이것을 타제석부라고 합니다. 그러나 타제석부에는 실제로 물품을 자르기 위해 도움이 되는 칼날이 있지 않습니다. 그렇다면 물품을 두드리는 방망이로 사용한 것인가 하면 거기에는 그렇게 세공이 지나치게 된 것으로도 생각할 수 없기에 과연 어디에 사용하였을까 매우 의문이 갑니다. 타제석부는 어느 장소이든 매우 많이 나옵니다. 지금부터 30년 정도 전에 우리들이 동경의 서쪽, 무사(武藏)시의 심대사(深大寺 : 역주)라는 마을 부근을 걷고 있었는데 1시간에 수 십 개나 주웠습니다. 그 마을의 소학교에는 학생들이 주워 온 돌도끼를 교실 내 5, 60개나 되는 책상 위에 가득 산과 같이 나열하고 있는 것을 보았습니다. 그 수는 2천 이상이나 되어 실로 놀라울 뿐이었습니다. 이렇게 많이 타제석부가 있는 것은 특히 석부의 반제품(半製品)을 만들어 각지로 보냈을지도 모른다고 생각하였습니다. 이러한 돌도끼 등을 찾기 위해서는 밭에 굴러있는 돌 가운데 조각부터 조사해 보든가 밭 옆의 작은 도랑의 돌조각이라든가 논에 쌓여 있는 버려진 돌을 열심히 찾는 것입니다. 그러나 뱀이나 도마뱀 등이 돌 사이에서 뛰어나와 놀라게 되는 경우가 있기에 주의하지 않으면 안 됩니다. 나는 큐슈에 여행하였을 때 밭 구덩이에서 7촌 정도나 되는 큰 마제석부가 잠수정과 같이 있는 것을 발견하고 습득한 적이 있었습니다. 이렇게 찾아 그것을 습득하였을 때는 매우 유쾌합니다. 도대체 이러한 돌도끼를 사용할 때는 어떻게 하였을까. 돌 그대로를 쥐어 사용한 것도 있으나 나무 손잡이를 붙인 경우도 있어 드물게 썩은 나무 손잡이가 부착된 돌도끼가 발견되는 경우가 있습니다(제39도 5). 돌도끼 다음으로 많은 것이 석촉입니다. 석촉은 마제도 있으나 이것은 매우 적고 나오는 곳도 한정되어 있어 대체로 타제입니다. 수석(燧石)이나 흑요석(黑曜石)이나 안산암(安山巖)으로 만든 것이 많이 있습니다만 때로는 수정이나 석영의 일종인 마노(瑪瑙)와 같은 아름다운 돌로 만든 것도 있습니다. 어떻든 석촉은 형태도 작고 아름답기에 이것을 채집하는 것이 가장 기분이 좋습니다. 그 형태에도 여러 다른 종류가 있어 긴 나무 잎 형태, 버들나무 잎의 형태와 같은 것이나 삼각형의 것이나 또 두 다리가 붙은 것, 그 다리가 길게 되어 있는 것, 그 외 양 장딴지 사이에 화살 다리가 붙은 것 등 여러 종류가 있습니다. 이 가운데 양 다리가 나와 있는 화살은 일단 찔리면 매우 빼기 힘들어 적을 죽이는 데 형편이 좋기에 주로 전쟁에 사용되었다고 합니다. 미국 등에서 나오는 것과 같은 형태의 매우 다른 것이나 대형의 것은 일본에서는 그렇게 발견되지 않습니다만 대체로 1촌 전후 크기의 것이 보통입니다. 또 이 선반에 나열되어 있는 버드나무 잎의 형태를 한 길이 3촌 이상이나 되는 석촉과 닮은 대형의 것은 보통 석쟁(石鎗)이라고 합니다. 그 다음 작은 형태로 한쪽이 볼록하고 다른 한쪽이 뾰족하게 되어 있는 것이 있습니다. 그것은 돌의 송곳(석추)이라는 것입니다. 또 손잡이 모양이 달린 석시(石匙)라는 것이 있습니다만 이것은 이전 사람들이 천구(天狗 : 역주)의 숟가락(飯匙)이라고 말하고 있던 것입니다. 긴 형태와 횡으로 넓은 것이 있습니다. 쌍방 모두 한 쪽에 손잡이가 있고 다른 측은 잘릴 정도의 예리하지는 않습니다만 둔한 날붙이로 되어 있습니다. 현재의 야만인들이 이것과 같은 기물을 사용하고 있던 점에서 생각하면 이 석시는 짐승 가죽을 벗기기 위해 사용한 것이 틀림없습니다. 짐승 가죽과 살 사이에 있는 지방을 싹싹 받아내 가죽을 벗깁니다(제39도).

　지금까지 언급한 석기는 날붙이인가 아니면 거기에 유사한 것입니다만 여전히 날붙이 이외의 것도 있습니다. 그 가운데에서도 흥미로운 것은 석봉(石棒)입니다. 이것은 5, 6촌부터 1척 정도의 크기이고 둥근 봉의 머리 부분이 부풀어 있습니다. 그 부푼 부분을 여러 모양으로 장식하고 있는 것도 있습니다. 이 봉이 크지 않은 것은 손에 쥔 곤봉으로 생각됩니다만 두껍고 큰 것은 도저히 가지고 흔들 수 없는 것이기에 그것은 무엇인가 종교적인 목적에 사용되었을 것으로 생각됩니다(제40도 1·2).

또 추석(錘石)이라는 것이 있습니다. 그것은 편평한 돌 조각의 위와 밑을 조금씩 깎아 끈을 매다는 데 편리하게 되어 있는 것으로 망의 추라든가 직물을 짜는 데 사용한 것으로 이야기됩니다. 그 다음으로 석명(石皿)이라든가 지석(砥石)과 같은 것도 있습니다(제40도). 또 돌로 만든 장식품도 있습니다만 그 가운데에는 후술하려

제40도 일본에서 발견된 석기 및 골각기

는 일본인들이 사용한 구옥(勾玉)의 형태와 닮은 장식물이 있고 일본에서 나오지 않는 아름다운 녹색의 돌(경옥)로 만든 것이 적지 않습니다. 이것들은 당시 중국에서 건너온 석재를 가져다 만든 것으로 생각됩니다. 또 이 아름다운 타원형 돌의 한 가운데에 구멍이 있는 것도 있습니다. 이것들은 모두 장식품으로 생각됩니다만 과연 어떻게 사용하였을까는 분명하게 모릅니다. 이렇게 야만시대에 아름다운 석재를 다른 지방에서 수입하여 사용한 것이 있을 뿐만 아니라 수석(燧石)이라든가 흑요석과 같은 것이라도 그 지방에서 생산되지 않

는 경우는 다른 지방에서 이것을 수입하여 사용한 것입니다. 우리들은 이 돌의 석질(石質)을 조사하여 당시 교통이나 무역의 흔적을 추적할 수 있어 여러분도 석기시대의 돌의 성질을 조사할 필요가 있습니다(제41도).

또 석기시대라고 해도 당시의 인간이 사용하고 있던 것은 석기뿐만 아니라 다른 재료로 만든 것도 없는 것은 아닙니다. 그 주요한 것은 식료로서 잡은 짐승의 뼈나 뿔로 만든 것입니다. 우선 석기와 같은 날붙이를 역시 뼈나 뿔로 만든 것입니다만 그렇다고 하지만 이것을 만들기 위해서는 석기를 사용하였을 것입니다. 이 뼈나 뿔은 돌보다도 연하지만 또 한편으로는 돌

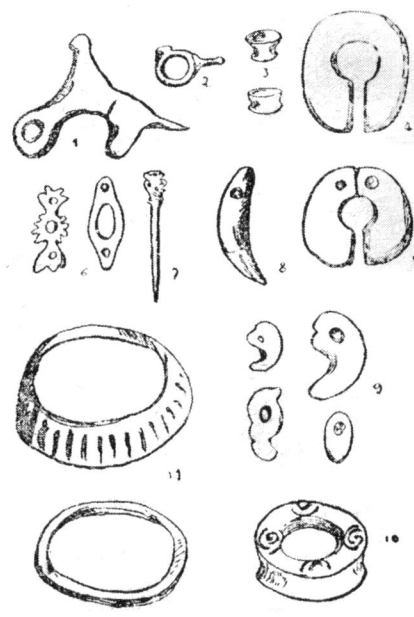

제41도 일본의 석기시대의 장식품

보다도 강하여 쉽게 꺾기지 않는 점이 그 특징입니다. 그 때문에 물건을 찌르거나 구멍을 내는 송곳, 특히 모피나 직물 등을 만들거나 함께 철하기 위해서는 돌송곳은 견고해도 쉽게 꺾기기에 그것에는 어떻든 뼈나 뿔로 만든 송곳이 적정했다고 생각합니다. 또 낚시할 때 낚시 침이나 자를 때 예리한 연장에도 뼈나 뿔로 만든 것이 아니면 도움이 되지 않았고 히타치(常陸 : 현재의 이바라키현의 남서부를 제외한 지역 - 역자)의 시이츠카(椎塚) 패총에서도 도미의 머리뼈에 뼈로 만든 예리한 연장이 꽂혀 있는 채 발견되었습니다. 그래서 뼈로 만든 기물이 어업에 사용되었다는 점을 증거로 제시하고 있습니다(제40도).

그러나 이 골각기는 당시는 그 숫자가 많았을 것이지만 썩기 쉽기에 석기와 같이 오늘날 많이 남아 있지 않습니다. 다음으로 이러한 골각기에 의하여 짐승의 종류를 조사해 보면 대체로 돼지나 사슴이라는 것을 알 수 있고 또 패총에서 나오는 뼈나 뿔의 종류를 보아도 역시 돼지나 사슴이 주된 것입니다. 그것으로 추정컨대 석기시대의 인간은 조개나 물고기 외에 주로 돼지나 사슴 등을 식료로 하고 있었던 것을 알 수 있습니다.

또 골각기 이외에 조개껍질로 만든 기물도 없지 않습니다만 그것은 주로 장식에 이용된 것으로 그 중에서도 가장 많은 것은 조개 팔찌입니다. 이것은 대체로 빨간 조개의 껍질을 벗겨내 그 주위만을 남기고 앞 팔목에 끼우는 것으로 석기시대의 묘에서 나오는 인골에 이 조개팔찌가 그대로 손목뼈에 끼여 있는 것을 종종 발견하였습니다. 그 중에는 한 쪽의 손목에 7, 8개가 되는 조개 팔찌를 끼고 있는 것도 있었습니다. 그 조개 팔찌를 손목에 끼우는 풍속은 오늘날에도 남양 주변의 야만인 사이에서 많이 볼 수 있습니다만, 다만 그 조개 팔찌는 그 구멍이 비교적 작기에 손바닥을 통해 앞 팔목에 끼우는 것은 어느 정도 곤란하였다고 생각됩니다. 오늘날 우리들은 그 조개껍질을 가지고 앞 손목에 끼우려고 하면 쉽게는 되지 않습니다만 이것은 오늘날에도 남양 주변에 있듯이 잘 집중해서 손에 끼우는 전문가가 있었다고 생각됩니다. 또 어렸을 때부터 이것을 끼운 채로 있는 경우도 있었을 것입니다. 이 참에 다른 장식에 대해서 언급합니다만 이 시기의 인간은 귀에도 돌이나 흙으로 만든 큰 귀걸이를 달았던 것입니다. 그것은 돌의 둘레 한 쪽이 이지러진 것과 같은 형태의 것이나 장고와 같은 형태를 한 흙으로 만든 것으로 앞서 언급한 석기시대의 묘에서 인골의 귀 주변에서 발견됩니다. 또 허리 주변에 장식으로서 뼈나 뿔로 만든 여러 형태를 차고 있었습니다. 이것도 묘지에서 본래의 위치 그대로 찾아볼 수 있기에 알 수 있습니다(제41도).

4) 토기와 토우

일본의 석기시대에는 토기가 어느 정도 크게 사용되고 있었다고 보이고 어느 유적에서든 많은 토기가 발견됩니다. 우리들은 석기시대의 유적을 조사하기 위해서는 석기에 눈을 돌리기보다는 밭에 흩어져 있는 토기 파편을 찾는 것이 가장 빠르다고 생각할 정도입니다. 이 토기도 석기와 마찬가지로 혹은 석기보다도 그 이상으로 한번 파손되면 도저히 수선이 가능하지 않습니다. 때로는 대형의 토기에 금이 가거나 파손되었을 때 양측에 구멍을 내고 끈으로 묶은 것이 없지는 않습니다만 많은 경우 버려져 남아 있는 토기는 대체로 깨진 것입니다. 또 묘라든가 그 외의 장소에 완전한 토기가 묻혀 있는 것도 있습니다만 우리들이 발견한 것은 많은 경우 파편입니다. 그것은 발굴할 때 깨진 것이 아니라 대체로 원래부터 깨져 있던 것입니다.

이 당시의 토기는 모두 손으로 만든 것으로 아직 녹로를 사용하지 않은 것입니다만 그에 비해 형태가 잘 나왔고 흐트러진 것은 아직 드물고 매우 정교하게 만들어진 것으로 생각됩니다. 그것은 아마 편평한 바가지와 같은 것 위에서 돌리면서 만들었을 것이다. 그 시기에는 이미 토기를 만드는 전문 기술가도 있었을 것이지만 뒤의 시대와 같이 많은 토기를 일시에 제조하는 것과 같은 것은 적었을 것 같고 조악하게 처리된 것으로 볼 수 있는 것은 아직 드뭅니다. 그래서 형태나 모양 등도 같은 것이 적고 하나하나 만든 것이 보통입니다만 그 시기에는 아직 토기를 굽는 특별한 제조방식의 가마가 알려져 있지 않았고 뒤의 시대와 같이 아름다운 색을 가진 것은 없습니다. 유약을 사용하지 않은 것입니다만 검은 색을 띤 차색으로 화로에 구운 것이 많습니다. 그리고 그 토질도 고운 모래나 때로는 입자가 큰 모래가 섞여 있는 것이 평균적입니다. 이러한 토기 형태는 선반에 나열되어 있듯이 매우 종류가 많고 뒤의 시대나 오늘날의 것과 비교하여 오히려 변화가 매우 다양하다는 점에 놀라게 됩니다. 다만 접시는 그렇게 보이지 않습니다만 사발, 항아리, 토병, 손잡이가 있는 차 주전자 모양의 사기그릇[急須] 종류부터 향로 모양의 것까지 있습니다. 거기에 복잡한 형태의 손잡이나 귀가 붙어 있고 표면에 대체로 새끼줄이나 멍석과 같은 문양이나 곡선으로 물결 모양이나 그것과 유사한 문양이 붙어 있습니다만 때로는 돌출한 띠와 같은 장식을 붙인 것도 있습니다. 매우 진기한 예입니다만 붉은 그림도구로 칠한 것조차 보게 됩니다. 그러나 굽는 방식은 어느 것이라도 연한 질이기에 물을 부으면 대체로 그것이 스미어 나옵니다. 그것에 당시 사람도 아마 곤란하였을 것으로 생각됩니다만 오늘날과 같이 아름다운 방이 있고 다다미 위에 있는 것이 아니라 조금은 물이 새어 나와 적었다고 곤란한 것과 같은 일은 없었을 것입니다. 그런데 이 토기를 오래 동안 사용하는 동안 거기에 물때가 생기기도 하고 물고기나 짐승의 기름에 배이기도 하여 물기도 스미어 나오지 않게 되

제42도 일본의 석기시대 토기(죠몬식)

기에 당시는 아마 새로운 토기보다도 사용하여 낡게 된 토기가 귀중하게 취급되었는지 모르겠습니다(제42도).

당시의 토기 모양은 지방에 따라 다소의 차이가 있고 또 시대에 따라서도 변해 왔을 것이기에 그것들을 조사해 보는 것은 흥미롭습니다. 일본의 석기시대 사람들의 상호 교통이라든가 문화 관계 등을 알기 위해서는 토기의 모양이나 형태 등을 연구할 필요가 있습니다. 석기는 제작 방식이나 그 형태도 서로 닮아 있고 거의 세계 중 그 변화는 적기에 문화의 관계 그 외 연구에는 토기만큼 도움이 되는 것이 없습니다.[11] 그러므로 우리들은 석기시대의 유적에 가도 토기를 열심히 채집하고 작은 파편이라도 놓치지 않기 위해 주의를 기울입니다.

[11] 하마다는 영국의 고고학자 페트리의 지도를 받으면서 페트리가 강조한 토기파편의 중요성을 깊이 인식하였다. 페트리는 토기의 형태 변화를 중심으로 교차연대와 계기연대를 참안하였다. 보다 구체적인 것에 대해서는 역자 후기 참조.

그 다음 토기와 같이 점토로 만든 것에 토우라는 것이 있습니다. 즉 인간의 인형입니다. 그것은 대체로 2, 3촌에서 4, 5촌 정도의 크기의 것이 많고 때로는 1척 이상의 것도 봅니다. 모두 인간 형태 그대로의 사생적인 것이 아니라 모양이 일종의 형태에 맞춘 것뿐입니다. 얼굴에서도 눈코입이 분명히 구별되지 않은 것이 보통입니다. 남자와 여자가 따로 나타나고 있습니다. 특히 여자의 토우가 많이 있는 것은 이 시기에 여자의 신을 숭배하기 위해 만든 것이라고 말하는 학자도 있습니다. 어떻든 무엇인가 종교상의 목적에서 만든 것으로 장난감이 아니었던 것 같습니다. 혹시 장난감이었다면 인간의 형태를 그대로 옮긴 것으로 하지 않으면 안 된다고 생각합니다. 토우 외에 곰이나 원숭이 등과 같은 짐승을 만든 것도 드물게는 나옵니다만 이것은 장난감으로 그 형태가 그러한 동물에 닮아 있습니다. 어떻든 일본의 석기시대의 토기는 외국의 석기시대의 토기와 비교하여 어느 정도 진보하여 정교하게 만들어져 있고

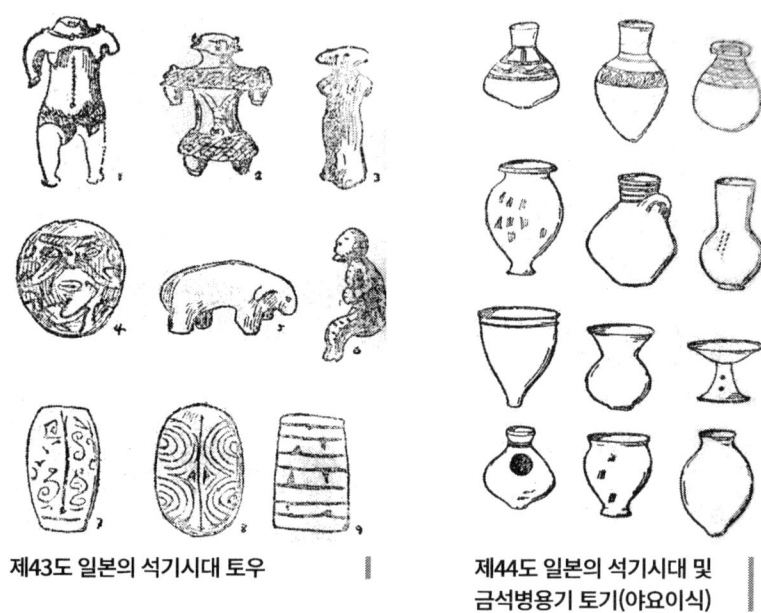

제43도 일본의 석기시대 토우

제44도 일본의 석기시대 및 금석병용기 토기(야요이식)

    일본의 석기시대의 인간은 토기를 만드는 기술도 뛰어났고 제작을 좋아하기도 했다고 생각됩니다(제43도).

    지금까지 언급한 토기에 관한 이야기는 주로 간토(關東)에서 오우(奧羽)지방에 걸쳐 나온 토기에 대해 말한 것입니다. 칸사이 혹은 그 외 지방에서 약간 이것과는 다른 종류의 토기가 석기와 함께 발견됩니다. 그 석기에는 그렇게 변화가 없습니다만 다만 석포정이라든가 활 모양의 곡선이 있는 돌도끼 등이 비교적 많이 나오고 있습니다. 이것은 앞에서 검은 색을 띤 토기와는 다르고 다만 차색의 토기입니다(제44도). 그것은 만들 때의 가마가 앞의 것보다 진보하여 구울 때에 그스릴지 않았기 때문입니다. 그것은 토기의 제작법이 일단 진보한 것으로 볼 수 있습니다만 그 토기의 형태에서 보면 앞의 것만큼 많은 종류가 없습니다. 항아리라든가 사발이라든가 고배 등과 같이 정해진 형태의 것뿐이고 특히 항아리에는 밑 부분이 꽃봉오리가 진 무화과와 같은 형태를 하고 있던 것이 많습니다. 또 모양은 대체로 없습니다. 있다고 해도 직선 등을 가늘게 자른 것으로 앞서 언급한 토기와 같이 곡선이나 새끼줄이라든가 풀줄기 등의 문양을 누른 것은 보이지 않습니다. 일반적으로 형태나 모양은 단순하고 앞의 것만큼 복잡하지 않다고 말할 수 있습니다. 게다가 같은 형태를 띤 토기가 동시에 많이 나오는 것을 보면 이러한 토기는 오늘날과 같이 공업적으로 제조되었던 것으로 상상할 수 있습니다. 우리들은 이러한 종류의 토기를 야요이토기라고 부르고 있습니다만 그것은 최초 동경 혼고(本鄕)의 제국대학 뒤 쪽에 해당하는 야요이쵸에 있는 패총에서 나온 토기에서 이름을 붙인 것입니다. 이것에 대해 앞의 형태의 토기를 죠몬식 토기라고 부르고 있습니다. 이렇게 두 토기 종류가 있고 서로 다른 점은 이것은 만든 민족의 인종이 같지 않다는 거입니다. 즉 야요이식 토기는 일본인 조상의 석기시대의 것이고 죠몬식 토기는 아이누 조상의 석기시대의 것일 것이라고 하는 사람이 있습니다만 그럴지도 모릅니다. 또 인종은 같지만 새로운 문화가 들어 왔기에 토기에 차이가 생겼을지도 모릅니다. 점차로 조사하면 이 두 토기 중간의 것도 때로 발견되었는데, 이것을 만든 인간에 관한 논의는 매우 어렵기 때문에 이 정도로 이 문제는 그치고자 합니다.

5) 조선과 중국의 석기

지금까지 일본의 석기시대의 유적과 거기에서 나온 물품에 관해서 언급했습니다만 다음으로 일본과 가까운 중국이나 조선 등의 석기시대는 어떠하였는가 하는 것을 지금부터 약간 이야기를 하고자 합니다. 또 중국 조선의 석기시대의 유물을 참고를 위해 여기에 나열하면 여러분은 보기 바랍니다.

조선에서는 남방에서도 북방에서도 석기시대의 유물이 나옵니다. 그리고 이 국가도 오래된 석기시대부터 시작되는 것을 알 수 있습니다. 일본과 가까운 남조선 쪽에서는 일본의 죠몬식 토기와 닮은 것 같은 토기는 거의 발견되지 않습니다. 어느 쪽인가 하면 야요이식 토기에 가까운 것이 나오고 석기도 마제의 것으로 돌도끼 외에 일본에서는 적은 아름답게 간 예리한 화살촉이나 돌검이 많이 나옵니다. 이 토기와 석기도 일본의 것과는 어느 정도 다른 점이 있고 석기시대 말기, 금속이 사용되기에 이른 시기의 것인지도 모릅니다. 다만 돌도끼 중에는 일본의 각지에서 나오는 것과 같이 활 모양의 곡선이 들어간 형태의 석포정이 많은 점에 주의할 만합니다(제45도). 북조선에서는 석기도 토기도 나옵니다. 그 토기는 남조선의 것과는 약간 다르고 어느 쪽인가 하면 일본의 죠몬시 토기와 다소 닮은 거친 선 모양이 있는 것이 나옵니다. 남조선과 북조선의 토기는 과연 같은 인종이 남긴 것인가 어떤가는 생각

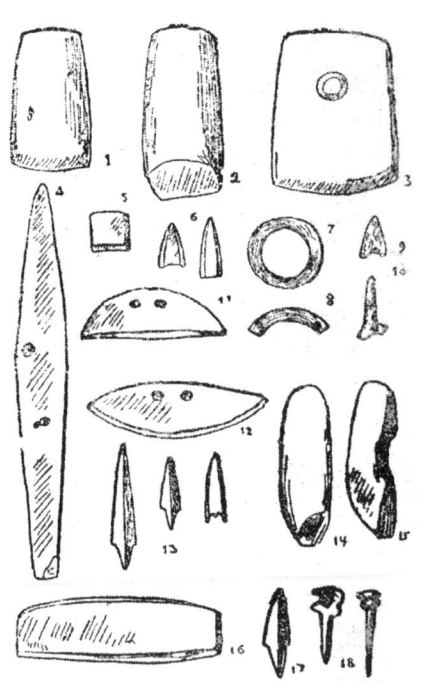

제45도 중국・조선 신석기시대의 석기

하지 않으면 안 되고 우리들은 오히려 다른 민족이 남긴 것이 아닐까 생각하는 정도입니다.

　중국으로 옮겨 가자면 조선에 가까운 만주에서는 여순이나 다이렌(大連) 주변에서도 석기가 매우 많이 나옵니다. 돌도끼 가운데에는 편평하고 구멍이 있는 것이나 뿔이 있는 끌과 같은 것이 있고 중국의 내지에서 나오는 것과 매우 닮아 있기에 어떻든 이것이 중국인의 조상이 사용한 것처럼 생각됩니다. 토기는 역시 일본의 야요이식에 가까운 것이 보통이고 때로는 진기하게 얼룩덜룩한 가로무늬 문양으로 채색한 아름다운 것이 나오기도 합니다. 중국에서는 또 두꺼운 삼각이 달린 솥 형태의 토기가 나오는데 이것은 중국이나 중국 문화의 영향을 받은 지방에 한하여 나온 것이고 역시 만주에서도 나옵니다. 중국 내지의 석기시대의 것은 아직 조사가 이루어지고 있지 않으나 산동성(山東省)이나 섬서성(陝西省) 그 외에서도 석기가 나오고 있습니다. 이것은 지금 언급한 만주에서 나오는 것과 같이 구멍이 있는 돌도끼 등입니다. 토기에는 세 다리의 솥 등입니다만 전년 이후 하남성이나 감숙성(甘肅省)에서는 흑색의 그림도구로 문양을 그린 아름다운 토기가 석기와 함께 많이 발견되었습니다. 이것은 석기시대의 말기에 해당하는 것으로 생각됩니다. 이 토기는 만주에서 나오는 채색 토기와는 다르고 어느 정도 서쪽의 국가에서 나오는 것과 닮아 있는 부분이 있기에 오래 전에 서방 여러 국가의 문명이 중국으로 들어온 것이라는 점이 상상되

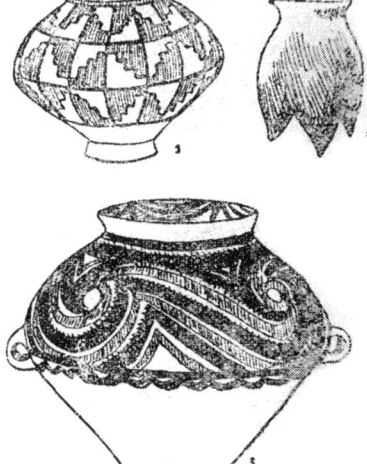

제46도 중국의 신석기시대의 토기

어 흥미롭습니다(제46도).

중국에서는 다만 지금 언급했듯이 신석기시대의 것이 나올 뿐만 아니라 북경에 가까운 주구점(周口店)에서는 이전의 인골과 함께 타제석기가 발견되었고 또 북방 황하가 북쪽으로 굽어 흐르고 또 남쪽으로 흘러 온 지역에서도 마찬가지로 구석기시대의 오래된 유물이 발견되고 있습니다. 여전히 북방의 시베리아 남부에서도 구석기시대의 것이 나타나고 있는 점에서 보면 중국에도 오래 전에 구석기시대부터 인간이 살고 있었다는 것을 알 수 있습니다. 그러나 중국은 넓은 국가이고 또 그 동부는 대하가 흐른 진흙이라든가 바람이 불어 날려보낸 고운 모래가 쌓여 있고 매우 그것이 깊기 때문에 그 밑에 석기시대의 것이 있을 것이나 쉽게 조사가 이루어지기 어렵고 오늘날까지 잘 알려져 있지 않습니다. 그래서 앞으로 열심히 조사하면 분명히 흥미로운 점이 발견될 것으로 믿습니다.

그 다음으로 본래 중국의 영역이었고 지금은 일본의 일부가 된 대만에서 석기시대의 유물이 나옵니다만 중국에서 나오는 것과 닮아 있습니다. 그러나 류쿠(琉球)의 것은 대만과는 닮지 않고 일본 내지의 죠몬식 토기와 같은 성질의 토기와 함께 나오고 있습니다.

이상 언급했듯이 중국이나 조선의 석기시대의 것은 그 토기에서 보아 일본의 것과는 관계를 가지고 있지 않은 것처럼 보이고 다만 야요이식 토기와 같은 것이 되어 비로소 약간 닮게 된다는 점에서 우선 석기시대에는 일본은 조선이나 중국과는 독립적인 발달을 하고 있던 민족이 살고 있었다고 보지 않으면 안 됩니다. 그것이 석기시대 말기가 되어 중국과 조선을 거쳐 금속의 기물을 사용하는 것이 일본으로 전달되어 비로소 일본과 중국 간에 깊은 관계가 생기게 됩니다. 이러한 것들을 증빙

하는 물품은 다음의 실에서 언급하기에 그 곳으로 가기로 합시다.

6) 청동기와 동탁

지금까지 언급한 일본의 석기시대는 몇 년 정도 계속 되었는가 하는 것은 분명히 모르겠습니다만 결코 2백년이나 3백년의 짧은 기간이 아니라 천년 2천년이라는 장기간이었을 것으로 생각됩니다. 그리고 석기시대의 문명도 점차 발전해 갔을 것입니다. 이웃 중국에서는 주나라 말기부터 한나라 초기에 걸쳐 중국인의 세력이 매우 왕성하게 되어 쉴 사이 없이 각지에 식민을 하기 시작하였음과 함께 지금까지 이미 사용하고 있던 금속, 청동이나 청동으로 만든 기물의 사용이 동아시아의 여러 국가로 확산되기에 이르렀습니다. 그 하나가 만주에서 조선, 일본에 미치고 그래서 일본도 비로소 중국의 금속을 받고 석기시대의 문화에서 금속기시대의 문화로 나아가게 되었습니다. 그렇다면 중국에서 일본으로 금속이 전래된 것을 어떻게 아는가 하면 그것은 마침 그 시기에 중국에서 나온 오래된 전(錢)이 일본에서 중국의 오래된 것과 함께 발견되기 때문입니다. 그 오래된 돈은 작은 칼의 형태를 한 도전(刀錢)이나 가래의 형태를 한 포천(布泉)이라는 것으로 그것이 주나라 말기에 나온 돈이기에 연대가 확실하게 정해진 것입니다. 일본에는 만주나 북조선보다도 조금 늦게 금속이 들어왔던 것으로 생각됩니다만 그것은 중국의 왕망(王莽) 시기에 생긴 화천(貨泉)이라는 돈이 종종 나오기 때문에 압니다. 그러나 금속

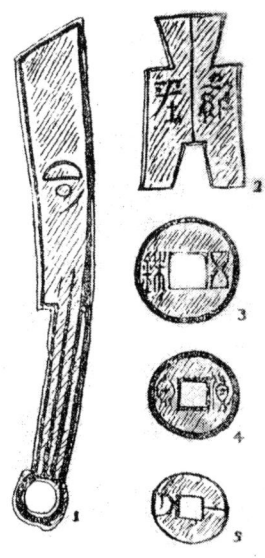

제47도 중국의 고경

이 들어왔다고 하여 바로 지금까지의 석기를 모두 버리고 전부 금속기를 사용하게 되는 것은 아닙니다. 금속도 처음은 분량이 매우 적고 귀중품으로 되어 있던 것이 세월이 흘러 점차로 석기를 대신하여 사용하게 되었고 처음에는 석기와 동시에 사용되고 있던 것임에 분명하고 그것은 함께 출토되는 유물로 알 수 있습니다. 이러한 시대를 우리들은 금속병용기라고 부르고 있습니다.

　지금 언급했듯이 일본으로 청동기가 들어 온 것은 중국에서부터로 그것은 다분히 만주, 조선의 해안을 거쳐 들어 왔다고 생각되기에 일본에서는 가장 서쪽의 큐슈에 처음으로 전달되었다고 생각할 수 있습니다. 그것이 점차로 동쪽으로 나아가 기내(畿內)의 다섯 지방의 부근이 금속을 사용하는 시대가 되었습니다. 동북지방에는 그 후 길게 석기시대의 문화가 남아 있었다고 생각됩니다.

　그러면 일본에 청동이 전달되어 어떠한 것이 우선 만들어졌는가 하면 처음에는 물론 중국에서 만들어진 물품이 그대로 들어온 것이고 중국의 것과 그야말로 같은 가는 형태의 동검 등이 일본에서 나오고 있습니다. 점점 세월이 흐름에 따라 일본에서도 청동기를 만들게 되었습니다. 재료는 역시 많은 것은 중국에서 가져온 것이고 때로는 중국에서 수입한 고전(古錢)을 으깨어 다른 물품을 만들었을지도 모르겠습니다. 지금 동화(銅貨)는 보조화폐로 본래의 가치만큼 그 분량을 가지고 있지 않았으나 이전 중국 등에서는 동화가 주된 화폐였기 때문에 지금과 같은 만큼의 가치가 있었던 것입니다. 일본에서 처음 만들어진 동기는 이전보다는 폭이 넓은 동검이나 동모(銅鉾)로서 그 하나는 크리스 형태라는 검으로 이 검은 날 밑이 경사로 굽혀 있습니다. 이것은 중국의 "창"

이라는 무기와 같이 검의 머리를 손잡이로 직각으로 옆에 붙여 사용한 것으로 생각됩니다. 그 다음은 동모라는 것으로 폭이 넓은 대형의 것입니다. 실용에 사용한 것은 아니고 무엇인가 의식(儀式)에서 사용된 것으로 날붙이도 예리하지 않고 실제로 사용하는 것으로서는 너무 큽니다(제48도). 이러한 것들이 일본에서 만들었다고 하는 증거는 그것을 만들 때에 사용한 돌의 틀이 발견되었기에 알게 되었습니다. 이 동검이나 동모는 큐슈에서 가장 많이 발견됩니다. 그 외에는 쥬고쿠(中國)나 시코쿠(四國) 등에서 나올 뿐이고 동북지방에는 지금까지 아직 하나도 발견되

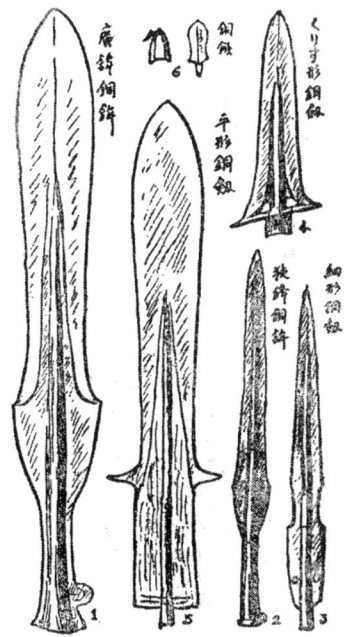

┃ 제48도 일본의 청동기

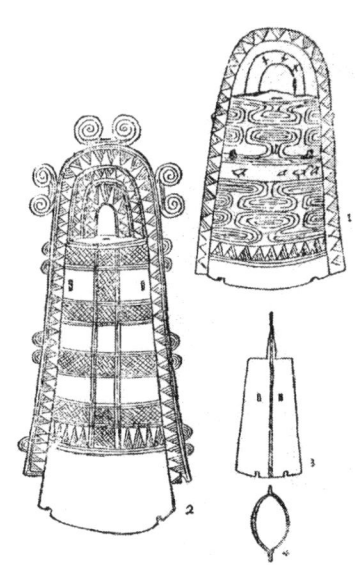

┃ 제49도 일본의 동탁

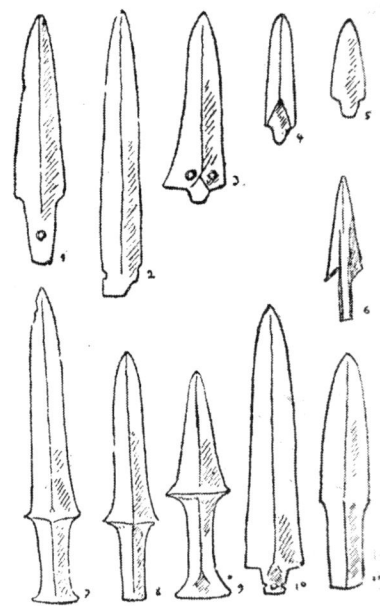

제50도 일본 및 조선에서 발견된 돌검

지 않고 있습니다. 어떻든 중국의 것과 깊은 관계가 있는 것은 분명합니다. 또 돌로 이 동검 등의 형태를 만든 것이 종종 발견됩니다만 역시 이 시대의 것으로 생각됩니다(제50도).

다음으로 대체 이 시기의 것으로 생각되는 청동기에 동탁(銅鐸)이라는 것이 있습니다. 이것은 약간 편평한 범종과 같은 형태의 것으로 작은 것은 5, 6촌, 큰 것은 4, 5척도 있어 매우 큰 것입니다. 그 표면에는 가사거(袈裟襷)라고 하여 승려의 가사와 같이 격자형으로 구획한 문양을 붙인 것이나 유수문(流水紋)이라 하여 긴 소용돌이 모양의 문양을 붙인 것도 있으며 때로는 인간이나 동물의 형태를 간단히 나타낸 것을 붙이고 있습니다. 이 동탁은 지금까지 고분에서 나온 것이 아니라 바위 사이나 산그늘 등에서 뜻하지 않게 나오는 것이 보통이고 많은 것이 한 번에 나오는 일도 때로는 있습니다. 동탁은 그 형태가 범종과 같은 것입니다만 역시 악기가 아닌가 말하는 사람도 있습니다만 그러면 악기로 사용한 흔적도 찾을 수가 없기에 무엇인가 보물로서 가지고 있었던 것으로 생각하는 방법 외에 없습니다. 동검이나 동모와 같이 이것을 주조한 틀이 일본에서는 발견되지 않기에 중국에서 수입한 것일 것으로 이야기되고 있습니다만 중국에는 그것과 같은 물품이 없기에 역시 일본에서 만들었다고 볼 수밖에 없습니다(제49도).

우선 지금 언급했듯이 동검과 동모와 동탁 등은 청동이 처음으로 일본에 들어왔을 때의 유물입니다. 중국에서는 이미 한나라 시대부터 왕성하게 철이 사용되고 있었기 때문에 일본으로는 얼마 안 있어 철이 들어와 칼 그 외의 무기에 철을 사용하게 되었습니다. 그래서 유럽의 여러 국가나 중국과 같이 청동기시대라는 것을 구별할 정도로 얼마 안 있어 바로 철기시대로 옮겨가 버렸습니다. 그리고 일본은 역사가 있는 시대로 들어가 우리들의 조상들이 남긴 물품이 점점 나타나고 있습니다. 여러분, 여기에 있는 동검이나 동모나 동탁 등을 본 후 다음의 방으로 갑시다.

2. 일본 원사시대의 방

1) 일본의 고분

　돌로 만든 기물만을 사용하고 있던 석기시대에서 다음은 조금씩 금속의 기물을 사용한 시대를 지나 일본도 결국 금속의 이기를 주로 사용하는 이른 바 금속시대로 들어갔습니다. 그리고 금속은 전에도 언급한 대로 청동만을 사용한 시대는 매우 짧고 혹은 거의 없을 정도로 바로 철을 사용하는 시대가 되었던 것입니다. 이것과 동시에 일본의 역사가 없는 시대에서 조금씩 역사를 알 수 있는 시대가 되어 갔습니다. 이처럼 아직 역사가 충분히 분명하지 않으나 희미하게 알게 된 시대를 우리들은 원사(原史)시대라고 합니다.

　일본의 석기시대 유물을 남긴 인간은 어떠한 인종이었을까 하는 점에 대해서는 여러 논의가 있습니다. 이 원사시대에 들어서서 금속의 기물을 사용하고 있던 인간이 오늘날의 일본인이었다는 것은 의심의 여지가 없습니다. 그러면 이 시대의 일본인이 남긴 유적에는 어떠한 것이 있을까. 이전부터 돌이나 벽돌로 집을 지은 외국 등에서는 집을 비롯하여 다른 건축물의 유적이 많이 남아 있습니다. 일본에서는 오늘날과 마찬가지로 목재로 집을 많이 지었기에 그 유적은 전혀 남아 있지 않습니다. 다만 지금 약간 뒤의 시대의 사찰이나 궁전 등의 터에서 기둥 초석이나 기와가 많이 발견될 뿐입니다. 또 일본은 섬나라이고 외국인으로부터 공격을 당할 염려는 적었기 때문에 성을 쌓을 필요도 적었기에 이러한 종류의 유적도 많지는 않습니다. 다만 남아 있는 것은 그 시대의 사람들이 만든 묘입니다.

이 묘는 형태도 크고 대체로 옹골차게 만들어져 천년 2천년 후의 오늘날까지 다행히 원래대로 남아 있는 것이 많이 있고 이전에 일본인이 살고 있던 곳으로 남쪽은 큐슈부터 북쪽은 동북지방에 이르기까지 어디든지 반드시 이 오래된 묘를 볼 수 있습니다. 그러나 묘 외에는 겨우 도기를 만든 가마터와 같은 것이 있는 정도로 거의 충분한 것은 없습니다. 그래서 나도 지금부터 여러분과 함께 일본의 조상이 만든 오래된 묘가 어떠한 것이었는가 또 그 묘에서 어떠한 것이 발견되었는가를 보러 가고자 합니다. 그리고 이것을 잘 조사해 보면 그 시대의 인간이 어떠한 문화를 가지고 있었는가, 어떠한 기술의 소유자였는가 하는 것을 알 수 있기에 묘를 연구하는 것은 역사의 문헌을 읽는 것과 조금도 다르지 않습니다.

그러면 일본인의 오래된 묘는 오늘날과 같이 석비나 서탑을 세운 것이 아니라 대체로 흙만두와 같이 높게 한 것이기에 우리들은 이것을 고총(高塚)이라든가 고분(古墳)이라고 합니다. 그 가운데 가장 오래된 형태로 또 가장 뒤까지 남아 있었던 것은 원형의 묘입니다. 도대체 원형의 묘는 어느 국가에서도 이전부터 있는 것으로 인간의 시체를 우선 땅 위에 놓은 후 흙을 덮어씌우면 자연적으로 둥근 묘지가 생기는 데에서 어느 국가의 인간도 자연적으로 이러한 묘지를 만들게 되었습니다. 그런데 이 둥근 묘는 흙으로 시체 위를 덮을 뿐만 아니라 이 참에 멋지게 만들게 되어 높이도 높게 되었고 주위도 점점 크게 되면서 떡을 겹친 것처럼 둥근 묘에 계단을 붙인 것과 같은 형태도 나오게 되었습니다. 그러나 세계 어디에도 있는 이 둥근 묘 외에 일본에서는 다른 국가에서는 볼 수 없는 형태를 띤 묘가 만들어졌습니다. 그것은 둥근 묘 앞부분이 넓혀져 사각이 된 모양으로 마치 이전 구멍이 넓은 항아리를 엎어서 옆에서 보는 것과 같은 형태를 띠고 있는 것입니다. 혹은 차를 끓이는 다구의 형태와 닮아 있는 부분이 있고 또 마차의 형태와도 닮아 있습니다. 관자총(罐子塚)이라든가 다구총(茶臼塚)이라든가 거총(車塚) 등 여러 가지 이름이 붙어 있습니다만 우리들은 전방후원총(前方後圓塚)이라고 부르고 있습니다. 그것은 앞이 사각이고 뒤가 둥글다는 의미입니다. 이 묘의 모형은 특히 진열하고 있으므로 그것을 보면 알 수 있습니다. 또 그 뒤의 둥근 부분의 연결 부분 양측에 작은 둥근 언덕이 붙어 있는 것이 있습니다. 그것이 마차의 두 바퀴와 닮았다고 해서 이전 사람들은 이것을 거총이라고 한 것은 흥미롭습니다. 시각으로 생각합니다. 더욱 이 형태의 고분은 이전에도 위대한 사람을 장례 지낼 때 만든 것으로서 천황이라든가 황족 사람들의 묘에 많이 이용한 것이고 밑의 사람들의 묘는 역시 둥근 총을 사용한 것입니다. 큰 것의 경우는 주위가 1킬로미터 이상이 되는 것도 있고 바깥 쪽에 대개 담장을 치고 있습니다. 이 형태의 묘는 일본에 가까운 조선이나 중국에서는 결코 볼 수 없는 실제로 일본에 독특한 것이라고 말해도 좋습니다. 그러나 어떻게 이

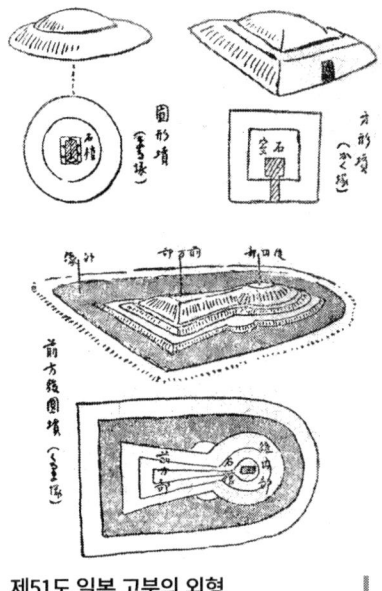

제51도 일본 고분의 외형

러한 형태의 묘가 나타났는가에 대해서는 여러 논의도 있습니다만 어떻든 분명하게 모릅니다(제51도).

또 한편으로는 먼 시기부터 둥근 무덤과 함께 특히 사각형의 고분도 있습니다. 이 사각형의 무덤은 중국에서는 이전 진나라나 한나라 시대부터 천자의 묘 등에 있었던 것이고 그것을 일본이 중국과 교류를 시작하면서부터 뒤에 가져온 것이 많은 것 같습니다. 그리고 용명(用明)천황, 추고(推古)천황 시기에 천황릉에 이 사각형의 무덤이 만들어지게 되었습니다. 그러므로 일본의 옛 무덤의 형태는 우선 둥근 것과 사각형의 것과 전방후원의 것 3가지가 있습니다. 그 가운데 가장 이전부터 있었던 것은 둥근 무덤, 그 다음에 나온 것이 전방후원, 그 다음 마지막으로 유행하게 된 것이 사각형의 무덤입니다. 이 전방후원과 사각형의 무덤은 얼마 안 있어 없어지고 말며 보통의 둥근 무덤이 오로지 유행하게 되었습니다.

그러면 지금 언급한 여러 형태의 무덤은 오늘날 남아 있는 것으로 대체로 소나무나 다른 수목이 번창하고 뒤에서 바라보면 울창한 숲과 같이 보입니다만 이전에는 그렇게 수목이 심어져 있었던 것이 아니라 대체로 이러한 무덤 위에는 둥근 자갈돌을 올려놓고 전체를 덮었습니다. 마침 오늘날 메이지천황이나 다이쇼천황의 능에 참배하기 위해 수목을 심지 않도록 하고 있었던 것입니다. 그것이 세월이 흐름에 따라 돌이 무너지기도 하고 그 가운데 나무가 넘어져 싹을 내기도 하고 무덤 위에 수목이 번창하게 된 것입니다. 더욱 무덤 주위에는 이전에는 이 묘를 찾을 때에 제물을 바치기도 하고 제사를 지내기 위해 여러 물품들을 놓아두었을 것임에 분명합니다만 이러한 기물들은 오늘날에는 대개 흙에 묻혀 보이지 않게 되기도 하고 무너져 버려 남아 있는 것이 매우 적습니다. 다만 하니와(埴輪)라 하여 사람 모습이나 동물의 모양이나 항아리의 모양을 흙 위에 만들어 나란히 놓은 것은 그 남은 물건이 있기에 알 수 있습니다. 또 이러한 묘 안에는 시체를 지하에 놓은 것이 아니라 돌로 만든 석관이라든가 돌로 만든 큰 방을 만들어 그 안에 석관 혹은 목관에 시체를 넣어 장사를 지낸 것입니다. 나는 그 다음 우선 묘 밖을 두르고 있던 하니와에 대해 이야기를 하고 그 다음에 묘 안의 석관이나 돌방에 대한 이야기를 하려고 합니다.

2) 하니와와 석인(石人)

그러면 이웃 중국에서는 한나라 시기부터 묘에 흙으로 만든 인형이나 동물상, 그 외 여러 물품의 형태를 넣었고 또 능묘 앞에 돌로 만든 인간·동물상을 나열하여 장식을 하는 것이 유행이었는데 일본에서도 이전 전방후원 고분이 만들어진 시대에는 묘 앞에 흙으로 만든 인간·동물상을 나열하는 습관이 있었습니다. 이 흙 위에 만든 상을 하니와 수물(樹物)이라고 합니다. 이전부터 전해져 내려오는 말에 의하면 수인(垂仁)천황12) 때 천황의 동생 야마토히코노미코토(倭彦命)가 세상을 떴을 때 그 시기 귀인이 죽으면 가신 등이 순사(殉死)라 하여 같이 죽는 습관이

12) 스이닌천황. 고고학상으로 3세기 후반부터 4세기 전반에 걸쳐 존재했다고 보고 있으나 확실치는 않다.

있었기 때문에 많은 가신이 그와 함께 묘에 묻혔습니다. 그런데 목숨이 끊어지지 않기에 그 슬픈 울음소리가 천황의 궁전에까지 들려오게 되었습니다. 그래서 천황은 순사의 풍속은 인정에 반한 잔혹한 것이기에 이 것은 어떻게든 그만 두지 않으면 안 된다고 생각하게 되었습니다. 그 후 여러 해를 거쳐 황후 히바스메노미코토(日葉酢媛命)가 세상을 떴을 때에 노미노스쿠네(野見宿禰)라는 사람이 있었는데 천황에게 앞으로는 흙으로 사람의 상을 만들어 그것을 인간 대신 묻게 되면 이전부터 내려오던 풍속도 보존하고 또 인간을 생매장하는 것과 같은 가엾은 것을 없앨 수 있을 것으로 생각한다고 말하였다. 천황은 그것을 진심으로 좋은 생각이라고 칭찬하고 그 후부터 흙으로 만든 인간 등의 상을 묘 앞에 묻게 되었다고 합니다. 원래 묘의 주위에 하나는 무너지지 않도록 또 하나는 장식을 위해서 흙으로 만든 통 모양의 도자기를 나란히 묻는다는 것은 이전부터도 있었던 것처럼 생각되기에 이 노미노와 같은 사람은 중국에서 이루어진 흙으로 만든 인간상이나 동물의 상을 묘 앞에 세우는 풍속을 듣고 그것을 흙으로 만드는 것에 생각이 미쳤는지는 모르겠습니다. 이 노미노라는 사람은 스모[13]를 시작하였다고 이야기되는 사람과 동일인입니다. 어떻든 하니와라는 것이 수인천황 시기 전후부터 시작하여 4, 5백년 정도 계속 되었다는 것은 분명한 것 같습니다. 이 하니와라는 단어에서 하니(埴)는 점토라는 것이고 와(輪)는 바퀴의 형태로 나열하는 데에서 나온 단어입니다. 그래서 우리들은 고분에 가서도 하니와의 인형이니 통 모양의 파편이 발견되있을 때에는 그 무덤이 매우 오랜 시기의 것이라는 점을 추정할 수 있는 것입니다.

13) 일본의 전통적인 격투기의 일종.

이렇게 통형의 하니와는 묘구의 주위, 때로는 담장 외측의 둑에도 이중 혹은 삼중으로 에워 쌓은 것입니다. 또 무덤의 맨 위에는 집 모양이나 그것과 닮은 큰 하니와를 둔 것은 지금까지도 알았습니다만 인간이나 동물의 하니와 등은 어디에 세워둔 것인가에 대해서는 분명히 몰랐던 것입니다. 그런데 최근 우에노쿠니(上野國 : 현재의 군마현群馬縣)가 있던 전방후원분에서는 주위의 담장 외측, 정확하게 묘 앞에 통형의 것을 길게 이중으로 나열하고 그 한 부분에 인간이나 말이나 새의 하니와를 모아 세운 것이 발견되었습니다. 또 어느 원형의 묘에서는 묘의 주위에 통형을 나열하고 그 앞에 인형을 세워 놓고 있는 것이 발굴되었습니다. 그래서 상당히 알게 되었습니다만 즉 묘 앞이라든가 묘의 주변의 필요한 곳이라고 생각되는 곳에 인간이나 말이나 새 등의 상을 나열한 것은 분명합니다.

그러면 이 하니와는 어떠한 도자기인가 하면 가느다란 줄무늬 선이 있으나 적색의 유약을 바르지 않은 것으로 인간의 상은 대체로 2, 3척의 크기로 남자도 부인도 있습니다. 그리고 남자의 것에는 몸에 갑옷을 붙이고 검을 찬 용맹스러운 모습을 한 것이고 부인의 상에는 머리를 묶고 옷소매를 걷어매는 끈을 걸치고 무엇인가 물품을 바치고 있는 것과 같은 모습을 하고 있습니다. 그리고 얼굴에는 붉은 색을 칠한 것이라든가 약간 입 모양을 삐뚤게 하여 슬픈 표정을 짓고 있는 것도 있습니다. 모두 매우 조악하고 간단한 인형으로 다리는 대체로 하나의 통형이 다리 끝까지 나타내고 있는 것은 그렇게 많지 않습니다. 그러나 그 가운데 무엇이라고 말할 수 없는 순진한 얼굴 표정이나 모습을 하고 있는 것 등 이전 사람들의 꾸밈없는 마음을 엿볼 수 있을 뿐만 아니라 당시 사람들의 풍속과 복장 등도 그것으로 알 수 있기에 매우 귀중한 것입니다. 다음으로 동물상에는 말이 가장 많고 거기에 재갈이나 안장 등 마구를 가진 것을 볼 수 있습니다. 또 다리 쪽은 역시 대체로 통형이 되어 실제의 말 다리와 같게는 만들지 않았습니다만 그것이 오히려 흥미로운 점입니다. 말 이외의 동물상에는 소, 원숭이, 돼지 외에 오리나 닭 등도 있어 매우 흥미롭습니다. 그 외의 것에는 집의 모양이 있어 그 지붕에는 오늘날 우리들이 이세(伊勢)대신궁의 건축에서 보는 것과 같은 지붕 위에 x자 형으로 교차시킨 긴 목재나 마룻대와 직각 방향으로 늘어놓은 통나무를 얹은 것도 있습니다. 또 동검이나 전통(箭筒)이나 활을 쏠 때 왼쪽 팔목에 대는 팔찌와 같은 것을 모방한 것도 발견됩니다.

어떻든 이 하니와는 매우 흥미로운 것으로 일본인이 만든 가장 오래된 조각물이라고 말할 수 있고 이전 사람들의 생활이나 풍속을 아는 데 가장 좋은 재료의 하나입니다. 또 하니와를 통해서 그 무덤이 매우 오래된 것이라는 것도 알 수 있기 때문에 고고학의 연구에 매우 중요한 것으로 되어 있습니다. 이것들은 묘의 밖에 서 있었기 때문에 오랜 세월 동안 바람과 비를 맞아 훼손되어 버려 완전히 남아 있는 것이 매우 적은 것은 유감입니다. 이 방에는 다만 지금 언급한 인간이나 말의 하니와의 실물을 비롯하여 지금까지 발견된 흥미로운 하니와의 모형 등이 진열되어 있기에 잘 보시고 앞으로 고분을 조사할 때 이러한 파편이 떨어져 있는지 없는지를 주의하시기를 바랍니다

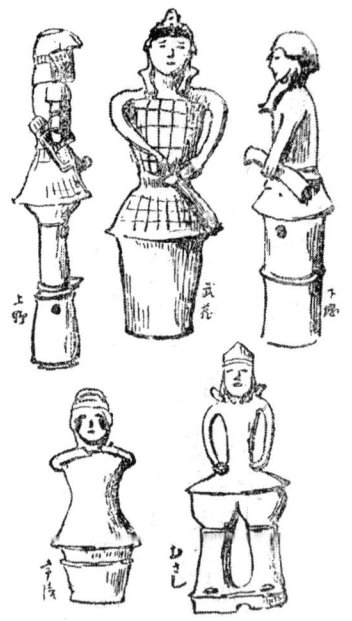

제52도 일본 고분의 하니와 인물

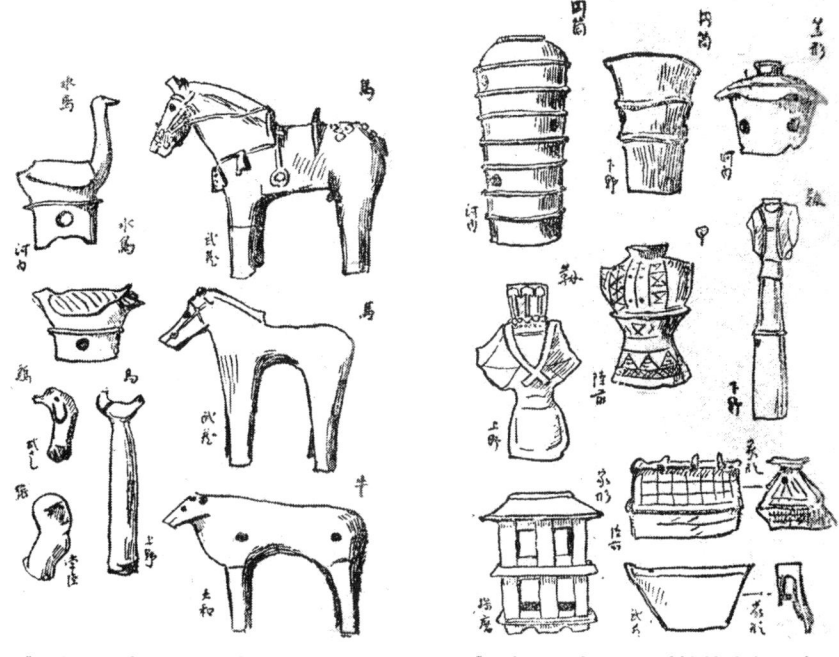

┃ 제53도 일본 고분 하니와 동물　　┃ 제54도 일본 고분 가형 하니와 그 외

(제52, 제53, 제54도).

또 하니와의 인형이나 말과 같은 형태의 것을 돌로 만들어 묘에 세운 것도 있습니다. 그것을 석인(石人), 석마(石馬)라고 합니다. 그러나 이것은 일본의 아주 일부에서 이루어지고 있었을 뿐이고 큐슈의 치쿠고(筑後)나 히고(肥後) 등에서 가끔 발견할 수 있습니다. 치쿠고에는 이전 계체(繼體)천황14) 시기에 이하이(磐井)이라는 힘센 사람이 있어 조선의 신라와 동맹하여

14) 케이타이천황. 450~531년(?). 재위는 507~531년(?).

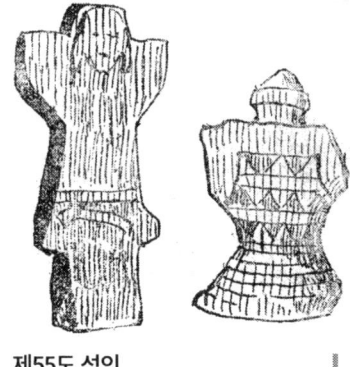

제55도 석인

천황의 명령에 등을 돌렸기에 결국 정복당하고 말았습니다만 이 사람은 살아 있을 때부터 돌로 묘를 만들어 돌 인형 등을 세우고 큰 힘을 과시하고 있었다고 하는 것이 이전의 문헌에 나옵니다. 마침 이하이가 있던 지방에 지금도 석인, 석마가 많이 남아 있는 것은 흥미로운 점입니다(제55도).

3) 석관과 석실

고분의 형태와 그 다음 그 바깥 측에 서 있는 하니와에 대해 지금 함께 이야기했습니다만 지금부터는 고분 안에 있는 석관과 석실에 대해 이야기를 하겠습니다. 일본의 고분은 원래 작고 높은 구릉 위 등에 약간 손을 댄 둥근 무덤이나 전방후원분을 쌓은 것으로 그 정상에는 나무나 돌로 만든 관을 놓는 것이 보통의 방법이었습니다. 또 그 가운데에는 점토로 단단하게 만든 관과 같은 것도 있었습니다. 그리고 석관이라는 것은 가장 처음에는 자연의 얇은 판석을 조합하여 만든 작은 상자와 같은 것에 지나지 않았습니다. 그것이 점점 큰 돌을 이용하게 되어 결국에는 길이 1칸 이상이나 되는 것도 있고 오래 버티는 형태로 만들어지게 되었습니다.

이렇게 큰 관이 되면 돌을 운반하는 것이 쉽지 않기에 돌 수변에 놀기를 여러 곳에 붙여 운반하는 데 형편이 좋게 합니다만 나중에는 이 돌기가 장식의 의미로도 쓰이게 되었습니다. 또 때로는 돌을 조합하여 관

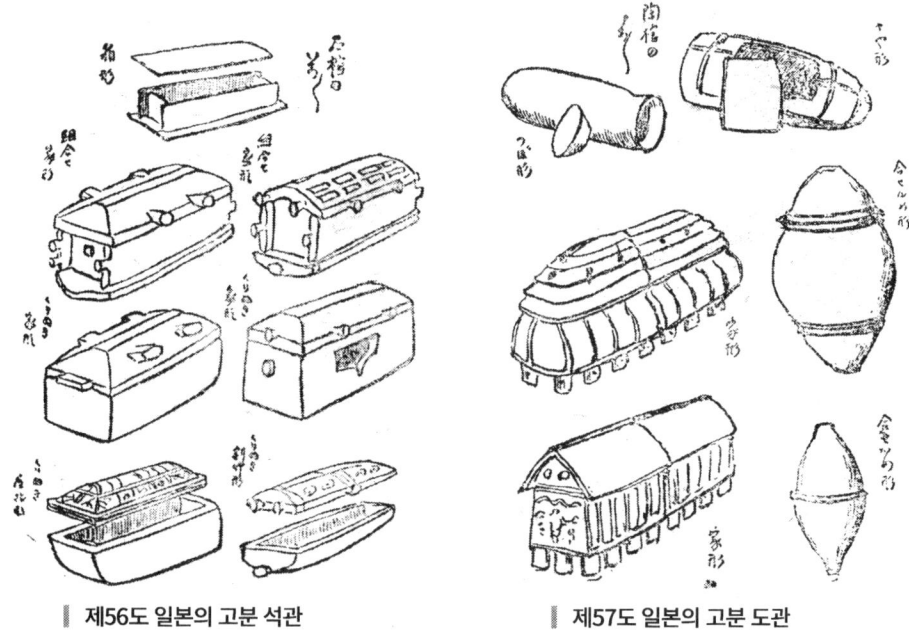

| 제56도 일본의 고분 석관　　　제57도 일본의 고분 도관

을 만들지 않고 두께와 몸체 부분을 따로 하여 돌을 도려내서 큰 관을 만드는 방향으로 진보하게 되었습니다. 이런 석관의 덮개는 집의 지붕과 닮은 형태도 있고 또 대나무를 두 갈래로 쪼갠 형태를 하고 있는 것도 있습니다. 더욱 이 덮개에는 역시 지금 언급한 돌기가 네 모퉁이에 붙어 있는 것도 있습니다(제56도). 이러한 석관은 매우 크고 눈에 띄는 것으로 그 가운데에는 사망자가 평소 가지고 있던 귀중한 물건도 함께 넣었습니다. 어떻든 공기가 관 안으로 들어가기 때문에 오늘날 이것을 열어 보아도 뼈가 남아 있는 것은 매우 드물고 겨우 이빨이 남아 있는 정도입니다. 그러나 죽은 사람과 함께 묻은 물품은 대체로 남아 있습니

제3. 고고박물관(하)　**99**

다. 이러한 물품에 대해서는 뒤에서 언급하도록 하겠습니다. 이 석관 외에 도관(陶棺)이라 하여 붉은 하니와와 같은 도자로 만든 관이 있습니다. 그것은 매우 오랜 시기에도 있었고 그 시대는 다만 큰 항아리를 합쳐 사용한 것인데 나중에는 석관을 흉내 내어 역시 집의 모양과 닮은 큰 관이 나오게 됩니다(제57도).

지금 언급한 것과 같은 석관을 무덤에 넣기 위해서는 바로 흙 안으로 묻는 경우도 있으나 대체적인 것은 석관 주위에 우선 돌로 둘러치고 그 안에 석관을 넣고 위를 덮개로 덮습니다. 이것을 수혈식(竪穴式) 석실이라고 부르는 사람이 있습니다만 실제는 석실이라고 할 정도의 것은 아니고 다만 간단한 돌로 둘러친 것에 지나지 않습니다. 그런데 그 후 조선이나 중국의 양식이 전해져 옆으로 들어가는 긴 석실이 무덤 안에 만들어지게 되었습니다. 이 석실은 둥근 무덤에서는 대체로 그 앞쪽(남향이 많습니다만)에 입구를 만들고 전방후원의 무덤에서는 뒤쪽의 둥근 언덕 옆에 입구를 내는 것이 보통입니다. 이 석실의 크기나 형태는 여러 종류가 있습니다. 그 가운데에는 아름답게 자른 돌로 만든 것도 있고 또 손을 대지 않은 무거운 몇 톤이라 할 정도의 큰 돌로 만든 것도 적지 않습니다. 이 석실의 입구는 낮고 좁으며 성인이 몸을 구부리고 들어가지 않으면 안 됩니다. 내부는 넓고 천정은 인간의 키보다도 높은 것이 보통이고 그 가운데에는 키의 2배 정도도 됩니다. 이 석실을 만드는 방식은 서양의 돌멘 혹은 "돌의 복도"라는 것과 매우 닮아 있습니다. 일본의 것은 서양의 것과 같이 오래된 것이 아니고 또 원래의 돌멘이라고 할 정도로 간단한 것은 일본에서는 거의 보이지 않습니다(제58, 제59도).

석실 가운데에는 대체로 석관을 하나 들여 놓습니다만 두 개 이상의 석관을 들여놓은 경우도 있습니다. 예를 들면 카와찌(河內)에 있는 성

▎제58도 일본의 고분 석실

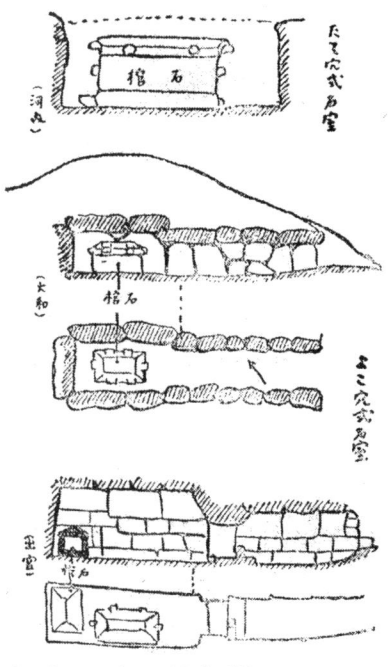

▎제59도 일본 고분의 석실

덕태자의 능에는 태자의 모후(母后)·비와 함께 3명의 관을 들여 놓았습니다. 또 그 가운데에는 죽은 사람을 석관이 아니라 목관에 넣어 묻은 석실도 많이 있습니다. 이것은 목관은 썩어버려도 거기에 사용된 철 못 등이 남아 있기에 알 수 있습니다. 원래 이전에는 하나의 묘에는 한 사람밖에 묻지 않았던 것이 이 석실을 만들게 되면서부터는 한 사람 외에 가족을 하나의 석실에 묻는 풍습이 나온 것으로 생각됩니다. 여러분은 이러한 석실에 들어간 본 적이 있습니까. 큰 석실은 안쪽 길이가 10칸 가까운 것도 있고 실내는 진짜 깜깜하여 기분이 매우 나쁩니다만 노촉을 밝히거나 회중전등을 가지고 들어가면 내부의 모양을 잘 알 수 있습니다. 내부는 이외로 깨끗하기에 잠깐 여기에 살아도 좋다고 생각할 정도입니다. 때로는 걸식 등이 이 석실에 살기도 합니다. 겨울은 따뜻하고 여름은 서늘하기에 주거에는 나무랄 데가 없습니다.

또 고분 안에는 횡혈이라고 하여 산 절벽과 같은 곳에 옆으로 구멍을 낸 곳이 있습니다. 즉 무덤을 만드는 것을 검약하여 자연의 절벽을 이용하여 다만 방만 만든 것이라고 말할 수 있습니다. 이것은 대체로 한 곳에 많은 구멍이 군집하여 그 가운데에는 벌집과 같이 많은 횡혈이 남아있습니다. 그 유명한 것으로 사이타마현의 요시미(吉見)의 백혈(百穴)이라는 것이 있습니다. 이전에는 이 횡혈을 인간이 혈거를 하고 있었던 흔적이라고 생각하고 있었습니다만 역시 이전 사람의 무덤입니다. 그러므로 이 횡혈은 고분의 석

제60도 요시미 백혈

제61도 일본의 고분 횡혈

실과 같은 의미를 가진 것으로 그 제작 방식도 대체로 닮아 있습니다. 대체적으로 그렇게 큰 것은 아니고 사각 혹은 둥근 방이 하나 있는 정도 입니다만 때로 진기한 것이 되면 횡혈 가운데에 석관이 만들어져 있다 든가 석상(石床)이 세 방향에 설치되어 사체를 놓도록 되어 있다든가 천 장에 집의 지붕을 흉내 내고 있는 것도 있다든가 내부에 도검 형태를 조 각한 것 등이 있습니다. 그러나 우선 그런 것은 예외이고 보통은 어떠한 장식도 없이 간단한 구멍에 지나지 않습니다(제61도).

4) 상고(上古)의 황릉

지금까지 나는 일본의 고분 형태와 구조에 대해 언급해 왔고 다음으로는 고분에서 발견되는 여러 물품에 대해 이야기할 작정입니다만 그 전에 매우 오랜 된 시대의 천황의 능, 즉 "미사사 기"에 대해 약간 언급하고자 합니다.

원래 일본의 고분 연구는 이전 다 카야마 히코쿠로(高山彦九郎)¹⁵⁾, 하 야시 시헤이(林子平)¹⁶⁾ 등과 함께 칸세이(寬政) 의 3명의 기사(奇士)로 이야기된 가모우 쿤페이 (蒲生君平)¹⁷⁾가 역대 능이 무너지기도 하고 알 지 못하게 되는 것을 한탄하여 스스로 각지의 능

제62도 가모우 쿤페이

15) 1747~1793. 에도시대 후기의 무사, 존황(尊皇)사상가.
16) 1738~1793. 에도시대 후기의 경세론가.
17) 1768~1813. 에도시대 후기의 유학자.

을 탐사하고 드디어 『산릉지(山陵志)』를 저술하였을 때부터 능의 연구 가 시작되었습니다. 그리고 메이지 시대가 되어 여러 일본 학자들의 연

구를 비롯하여 오사카의 조폐국(造幣局)에 와 있던 영국인 고우랜드(W. Gowland)[18] 등이 성과를 내놓기 시작했습니다. 그런데 오랜 시기의 천황 능은 일본의 고분 가운데 가장 크면서 가장 멋진 대표적인 것이기에 고분을 연구하기 위해서는 반드시 이 고분에 참배한 후 그것을 조사하지 않으면 안 되고 특히 고분 시대를 알기 위해서는 능이 무엇보다도 표준이 되고 있습니다. 우리들도 소년 시절 능을 순배(巡拜)하면서 결국 고고학에 흥미를 가지게 된 계기가 되었습니다.

그러면 일본의 상고시대부터 나라(奈良)시대까지 능이 어떠한 형태의 무덤에서 나오게 되었는가 하는 것을 이야기하고자 합니다. 신대의 삼신(三神), 니니기노미코토(瓊瓊杵尊), 히코호호데미노미코토(彦火火出見尊), 그 다음 우가야후끼아시즈노미코토(鸕鶿草茅葺不合尊)의 능은 오늘날 큐슈 남쪽 오오스미(大隅), 사츠마(현 가고시마 : 역자)에 있습니다만, 그것은 신대의 능이기에 지금은 말할 수 없습니다. 다음으로 제1대 진무(神武)천황의 능은 야마토의 우네비야마(畝傍山) 산록에 있는 것은 여러분도 알고 있는 그대로입니다. 그런 진무천황의 능은 오래 동안 황폐하여 실제로 그 형태도 잘 모르고 장소에 대해서도 여러 설이 있습니다. 형태는 그렇게 크지 않은 둥근 무덤이었다고 생각됩니다. 그 다음 6, 7대만이 천황 능도 야마토의 남쪽에 있습니다만 역시 둥근 무덤이었을 것 같습니다. 제10대 숭신(崇神)천황과 그 다음의 11대 수인(垂仁)천황 때부터 앞에 각이 있고 뒤가 둥근 전방후원의 멋진 거총(車塚)이 지어지게 되었던 것은 의심

18) William Gowland. 1842~1922. 영국 태생으로 왕립화학전문학교의 왕립광산학교 졸업 후 화학 및 야금기사가 되었다. 1871년에 오사카에 조폐료(造幣寮)가 개설되면서 화학 및 야금실험실의 지도자로 초빙을 받아 일본으로 와서 1888년까지 재직했다. 한편 그는 일본의 문화에도 관심이 많아 오사카, 나라 지방 등 각지를 돌면서 고문의 외형이나 출토품을 상세히 관찰했다. 그는 영국으로 돌아가서도 그의 연구 성과를 발표하기도 했다. 특히 그는 일본에 머무는 동안 일본 문화의 연원을 연구하기 위해 1884년 4월에 10월에 한국의 포천, 부산과 문경 등을 답사하고 부산 인근의 김해에서 가야의 수혈식 석곽묘에서 출토된 고배, 대부장경호 등 토기를 수집했다. 梅溪 昇, 『お雇いの外國人』, 講談社, 2007 : 156-162.

의 여지가 없습니다. 수인천황 때에 노미노가 하니와를 만들었다고 전해지고 있다는 것에 대해서는 앞서 언급했습니다. 그 다음 경행(景行)천황, 성무(成武)천황, 신공황후의 능 모두는 나라(奈良)의 남쪽 혹은 서쪽에 있고 역시 전방후원의 큰 무덤입니다. 중애(仲哀)천황, 응신(應神)천황에 이르러 비로소 카와찌(河內)의 남쪽에 능이 만들어졌고 다음의 인덕(仁德)천황에서 3대만은 지금의 이즈미노쿠니(和泉國, 현재의 오사카부大阪府 : 역자)의 북쪽, 사카이(堺) 부근에 능이 만들어지게 되었습니다. 그런데 응신·인덕 두 천황의 능은 일본의 능 가운데에서도 가장 큰 멋진 전방후원의 무덤이라고 말할 만하고 그 가운데에서도 인덕천황의 능 주위는 1리가 되고 세계에서 이렇게 큰 고분은 이집트의 피라미드를 제외하고는 없지 않을까 생각합니다. 그리고 이 능은 3중으로 담장을 두르고 그 주위에는 배총(陪塚)이라고 하여 신하들의 무덤이 많이 나열되어 있습니다. 멀리서 보면 작은 산과 같은 것으로 가깝게 가면 큰 소나무가 능 주변에 무성하여 실로 신성하여 참배자 누구라도 그 위엄에 감명을 받습니다(제63도).

인덕천황 능과 응신천황 능은 그 크기가 눈에 띌 뿐만 아니라 역사상으로 보아도 가장 확실한 능으로 이것이 표준이 되어 우리들은 그 시기 일본에 전방후원분이 왕성하게 이루어졌고 하니와가 장식되어 있었다는 점을 알 수가 있습니다. 그 때문에 고고학적으로도 가장 귀중한 능이라고

┃ 제63도 인덕천황 백설조이하라 중능

말하지 않을 수 없습니다.

다음으로 11, 12대 사이에 불교가 일본에 들어왔을 때 민달(敏達)천황 때까지는 약간 형태는 작아졌습니다만 역시 능은 모두 전방후원분이었습니다. 그런데 용명(用明)천황, 추고(推古)천황, 즉 성덕태자 때의 천황에서 천지(天智)천황 때까지는 중국의 영향을 받은 사각의 무덤이 능에 적용되어 그야말로 모습이 변해 버렸습니다. 지금 언급한 천황의 능은 대체로 야마토부터 카와찌 등에 있습니다만 천지천황 능은 산성국(山城國, 현재의 교토부京都府 : 역자)의 교토 동쪽에 있고 사각의 무덤으로 상부가 둥글게 되어 있다는 것입니다. 이 천지천황 능의 형태를 본떠서 명치천황, 소헌황태후, 대정천황의 능도 만들어졌다고 합니다. 여러분은 이 능에 참배한 적이 있을 것입니다만 그렇게 나타난 것입니다.

그 후 나라(奈良)시대부터 헤이안(平安)시대 초기의 능이 되면 또 이전으로 돌아가 둥근 형태의 무덤이 되었습니다. 그리고 불교가 왕성하게 되고 나서부터는 능은 한층 간단하게 되었고 또 화장(火葬)이 이루어져 작은 당이나 돌탑을 능에 세우게 되었고 특히 무가가 권력을 잡고부터는 황실의 능은 매우 작아지게 되어 버렸습니다. 그것으로 되돌아가 닛코(日光)에 있는 도쿠가와(德川)씨의 묘가 저렇게 눈에 띄게 멋진 것을 보고 가모우 쿤페이(蒲生君平)가 분개하여 존왕(尊王)의 생각을 일으켰기에 그야말로 무리가 없는 것입니다. 그것은 차치하고 우리들은 일본의 이전 시대의 능을 순배하면 한편 일본 고분의 제조 방식의 변천도 알 수 있고 역사연구에도 매우 도움이 되기에 나는 여러분이 나만 높은 산에 오를 뿐만 아니라 소풍을 갈 때에는 이러한 곳에도 가볼 것을 권합니다.

5) 구옥(勾玉) 등의 옥류

그러면 이야기를 이전으로 돌아가 고분 가운데에는 어떠한 것이 묻혀 있는가 하면 석관 혹은 석실 가운데 시체를 넣은 곳, 게다가 가장 그 시체 가까운 곳에 있는 것은 그 사람의 몸에 걸치던 의복과 장식물입니다. 그러나 의복은 모두 썩어 버려 남아 있지 않습니다만 장식물 가운데 가장 눈에 띄는 것은 우선 구옥 외 옥 종류입니다. 이것은 단단한 돌 또는 유리로 만든 것으로 그 색도 반드시 보존되어 있어서 발굴되었을 때 누구라도 바로 눈에 띄어 발견되기 쉽습니다.

이러한 옥 종류는 본래는 연결되어 이어져 목부터 가슴 혹은 손목, 발목 등에 걸친 것이 묘에서 나오는 형편이나 하니와 인형에 나타나 있는 것을 보아도 알 수 있습니다.

옥 종류 가운데에서도 가장 귀중한 것은 구옥입니다. 구옥이 일본 상대(上代)에 매우 진귀하게 여겨진 것은 여러분도 알고 계실 것입니다만 이 옥의 형태는 머리 부분이 둥글고 꼬리 부분이 굽은, 마침 영어의 콤마(,)와 같은 형태를 하고 있습니다. 큰 것의 경우 길이가 3촌이나 되는 것도 있습니다만 보통은 1촌에서 1촌 5분 전후의 것입니다. 그리고 이 돌은 매우 오랜 시기에는 일본에서 생산되지 않아 중국에서 전래된 경옥(비취, 靑瑯玕)이라는 반투명하고 아름다운 녹색의 돌로 만들어져 있고 매우 아름다운 것이었습니다. 약간 뒤의 시대가 되면서 이즈모쿠니(出雲國)에서 나온 벽옥(碧玉)이라는 청록색의 돌이나 붉은 마노(瑪瑙 : 단백석과 옥수, 석영이 섞인 보석-역자)가 보통 사용되기에 이르렀습니다. 또 그 후 나라(奈良)시대가 되면서 구옥의 형태가 코(ㄱ)라는 글자처럼 각이 지게 되어 아름답지 않게 되었습니다만 오랜 시대의 구옥은 매우 우아하고 아름다운 형태로 머리 부분의 구멍에 3, 4개의 벤 자국이 있는 것이 보통입니다. 이 벤 자국이 있는 것을 정자두(丁字頭)의 구옥이라고 합니다. 그러므로 여러분은 구옥을 보아도 어떤 것이 오래된 것인가, 또 어떤 것이 새로운 것인가를 그것으로 알 수 있습니다. 또 최근 만든 새로운 구옥의 모조품은 그 구멍이 곧바로 통형으로 되어 있으나 오래된 구옥은 대체로 한쪽 방향에서 혹은 양쪽 방향 원추형에 가깝게 구멍이 나 있고 그 구멍을 내는 방식에서도 정말 오래된 것인가 모조품인가를 알 수 있습니다.

　구옥은 이전에도 매우 귀중하게 취급되었던 점을 보아 일본에서는 하나의 고분에서 그렇게 많이 발견되지 않습니다. 그것에 반하여 비교적 많이 나오고 있는 것은 관옥(管玉)입니다. 이것은 관의 형태를 한 통형의 옥으로 그 길이는 1촌 전후의 것이 보통입니다. 돌은 대체로 이즈모에서 나오는 벽옥입니다. 이전에는 관옥에 대해 다카옥이라고 말했습니다. 그것은 죽옥(竹玉)이라는 의미로 푸른 벽옥을 사용한 것이고 그것은 마치 청죽을 잘라 사용한 것을 흉내 낸 때문이라고 이야기되고 있습니다. 여전히 관옥 가운데 매우 오래된 것으로는 매우 가늘고 직경이 1분 전후의 것이 많습니다만 시대가 약간 내려오면 점점 두껍게 되고 있습니다.

　관옥 다음으로 많이 나오는 것은 절자옥(切子玉)입니다. 이것은 거의 모두 수정으로 만든 것으로 육각 혹은 팔각의 방추형을 밑으로 둘로 연결한 방식으로 되어 있습니다. 그 외의 옥 종류는 주옥(棗玉), 환옥(丸玉), 평옥(平玉), 소옥(小玉) 등 여러 종류가 있습니다. 이러한 작은 옥들은 많게는 감색 혹은 녹색의 유리로 만든 것이 보통입니다. 그것에 의해서도 이 시기부터 이미 색유리가 만들었다는 것을 잘 알 수

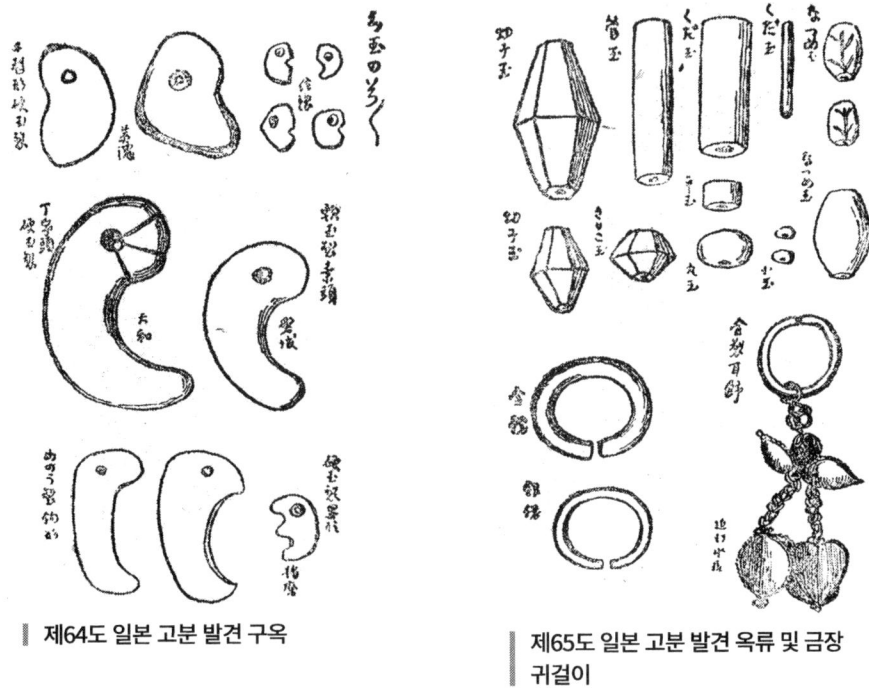

| 제64도 일본 고분 발견 구옥 | 제65도 일본 고분 발견 옥류 및 금장 귀걸이 |

있습니다. 무색투명한 판유리는 아직 세계 어디에도 없었습니다. 이러한 옥은 고분이 발견되었을 때 대체로 흙 속에 섞여 있기에 바로 눈에 띄지 않는 경우가 있습니다. 그래서 흙을 체로 걸러 찾지 않으면 안 됩니다(제64, 65도).

지금 언급한 여러 종류의 옥 가운데 구옥은 일본 이외에서는 다만 조선의 남쪽에서 나올 뿐 다른 국가에서는 거의 발견되지 않기에 우선 일본 독특한 옥이라고 말할 수 있습니다. 그런데 흥미로운 구옥의 형태가 어떻게 나왔을까. 이전 사람들이 사냥으로 짐승을 잡고 그 어금니나 이빨에 구멍을 내고 장식을 한 습관이 전해져 그 어금니 이빨의 형태가 굽은 것을 흉내 그 참에 구옥에서 볼 수 있는 것 같은 아름다운 형태가 되었다는 등 많은 학자들이 이야기하고 있습니다. 이러한 구멍을 뚫은 짐승의 어금니나 이빨은 일본의 석기시대 유적이나 또 외국의 유적에서도 많이 발견됩니다만 구옥과 같이 아름다운 형태의 옥은 외국에서는 전혀 발견되지 않습니다. 또 옥을 몸에 달고 장식하는 습관은 세계 어느 국가에서도 있습니다. 일본은 중국 등과 비교하여 유달리 옥을 사용하였다고 생각되고 중국의 묘에서는 그 정도 많은 옥이 발견되지는 않았습니다. 여전히 옥의 종류 외에 몸에 단 장식품에는 금환이라는 동에 도금을 한 고리는 대체로 쌍으로 나오기에 아마 귀걸이 등에 사용한 것으로 생각됩니다. 또 이 고리에 심장 모양의 가느다란 장식품이 달려 황금으로 만든 멋진 귀걸이가 때때로 나오는 경우가 있습니다. 이것은 남조선의 고분에서 많이 발견되는 것으로 조선풍이라고 말할 수 있습니다(제65도).

6) 고경(古鏡)

고분에서 동으로 만든 거울이 많이 나옵니다만 특히 오래 시기의 고분에는 많은 거울을 관 안에 넣어 때로는 하나의 고분에 10매, 20매 혹은 그 이상이 있는 경우도 있습니다. 그리고 그 거울은 대체로 중국에서 생긴 것으로 때로는 일본에서 만든 거울도 있습니다만 그것도 그야말로 중국이 거울을 흉내 내 민든 깃입니나. 그런데 중국제 거울은 모두 그 시기 대륙에서 수입된 것인데 이상하게도 조선의 남부, 이전의 신라의 고분은 일본의 고분과 닮아 있고 그 가운데에서 구옥과 같은 일본 특유의 것도 나옴에도 불구하고 거울에 이르러서는 거의 전혀 발견되지 않습니다. 왕의 묘라고 생각되는 멋진 묘도 거울은 1매도 발굴되지 않는 것은 실로 기묘하게 생각됩니다. 혹시 신라 사람들은 거울을 사용하지 않고 화장을 하지 않았다고는 생각할 수 없기 때문에 거울을 사용하고 있었다고 하더라도 죽은 사람의 관 안에 무엇인가의 이유로 넣지 않았다고 생각할 수 있습니다. 그러나 다음의 고려시대의 묘에서는 거울이 많이 나옵니다. 어떻든 거울은 이전 중국에서도 얼굴을 비추는 것뿐만 아니라 이것을 가지고 있으면 악귀를 물리친다고 하는 생각이 있었기 때문에 묘에 넣은 것도 이러한 의미가 있었는지도 모릅니다. 이렇게 신라 사람들은 거울을 사용했어도 묘에 묻지 않기 때문에 중국에서 많은 거울이 들어 왔다고는 생각할 수 없습니다. 그 때문에 일본에 들어온 중국의 거울은 조선을 거치지 않고 아마도 남중국 주변에서 직접 온 것이 아닌가 생각됩니다.

그러면 중국에서는 주나라 말 진나라부터 거울을 만들고 있었던 것 같습니다만 한나라부터 매우 많이 만들어져 육조시대를 거쳐 당나라까지 왕성하게 멋진 거울이 나타났습니다. 그 후 송나라부터는 점차로 조악한 것이 되고 말았습니다. 또 거울 형태는 가장 오래된 시대에는 때로 사각의 것도 있습니다만 대체로 당나라까지는 둥근 거울로 화판(花瓣)과 같이 주위가 잘라 있는 팔능경(八稜鏡)이라든가 팔화경(八花鏡)이라는 거울도 그야말로 당나라가 되어 비로소 나타난 것입니다. 또 손잡이가 붙은 거울도 당나라나 송나라 이후의 것입니다. 세간에서는 일본 상고에 나타난 거울의 형태 가운데 팔능경과 같이 형태가 좋은 것이 있다고 생각하는 것은 틀린 것이고 오래된 시대의 거울이라고 한다면 그 많은 것은 둥근 거울이지 않으면 안 됩니다(제67도).

그러면 고분에서 나오는 거울은 마침 한나라부터 육조시대의 거울로 그 이면, 얼굴을 비추는 면의 반대 면에는 중앙에 손잡이가 있고 그 주위에는 여러 모양이 새겨져 있습니다. 시대가 변함에 따라서 그 문양도 점차로 변해 갔습니다만 한나라의 거울에는 곡선이나 직선을 모은 모양이나 실물크기가 아닌 동물 모양 등이 나타나 있습니다. 거기에 나열되어 있는 거울을 보면 알 수 있습니다만 이러한 모양을 붙인 중국의 거울은 매우 멋지게 생겼습니다만 그 시기 일본에서 나온 거울은 아직 만드는 방식이 조악하여 크게 떨어집니다. 예를 들면 문양에 있는 중국 문자에서도 일본제의 거울에는 무엇인가 알 수 없는 글자 형태가 되어 있

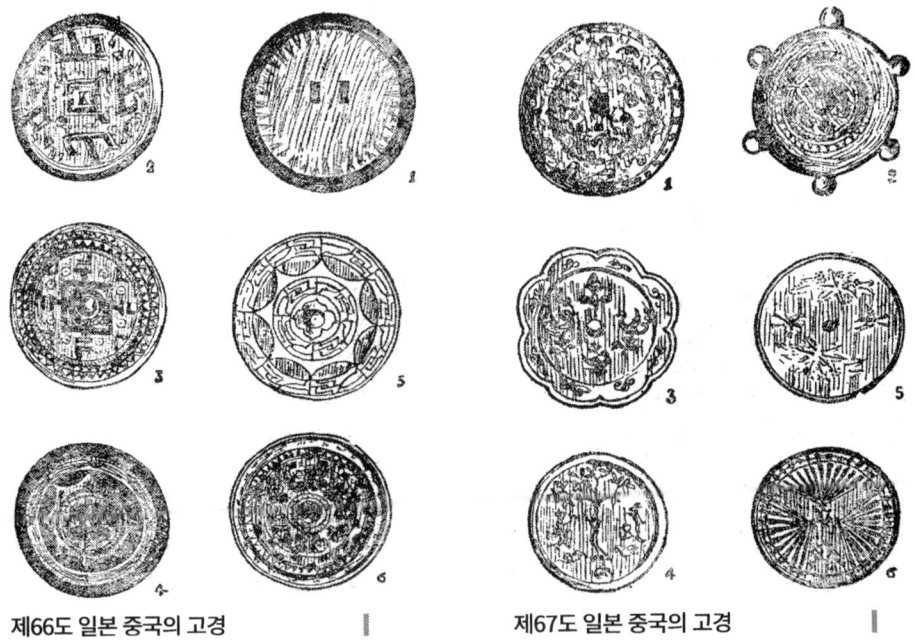

제66도 일본 중국의 고경   제67도 일본 중국의 고경

기도 하고 문양도 분명하지 않습니다. 그래서 그것을 잘 보면 일본제인 가 중국제인가 구별할 수 있습니다. 또 이러한 거울을 무덤을 넣을 때에 는 처음에는 보자기와 같은 것에 넣었던 것임에 틀림없고 지금 발견되 는 거울에 때때로 베 조각이 붙어 있는 것을 보아도 그것을 알 수 있습 니다(제66도).

고분으로부터는 한나라부터 육조시기까지의 거울과 그것을 모조한 일본에서 만든 거울이 나올 뿐 당나라 이후의 거울은 거의 발견되지 않 는다고 해도 좋습니다. 그러나 거울은 물론 그 시기에도 사용되었기에 이것은 당시의 멋진 거울의 예가 나라(奈良)의 정창원(正倉院)의 수장 고에 많이 보존되어 있기 때문에 알 수 있습니다. 다만 묘 안으로 넣지 않았던 것으로 생각됩니다. 그러나 일본에서는 헤이안조 이후가 되면 당나라의 거울의 문양을 점차로 변화시켜 결국에는 그야말로 일본적인 매우 아름다운 문양을 한 거울을 만들게 되었습니다. 이러한 거울은 고 분에서는 나오지 않습니다만 경총(經塚)이라고 하여 경(經) 등을 묻은 후의 시대의 유적에서 자주 발견되었고 또 오래된 신사나 사찰에 많이 전해져 내려오고 있습니다. 전에는 일본제의 거울은 중국제에 비교하여 떨어졌던 것이 헤이안조부터 아시카가(足利)시대가 되면 중국의 같은 시대의 거울과 비교해도 오히려 공교롭게 되어 매우 뛰어난 부분이 있 습니다. 이 일본제의 거울을 화경(和鏡)이라고 합니다. 즉 그것은 일본 이 그 시대가 되어 점차로 문화가 진보하여 기술도 뛰어나게 되었다는 것을 보여주는 무엇보다도 좋은 증거입니다.

7) 도검(刀劍)과 갑주(甲冑)

지금 언급한 고분에서 나오는 거울은 청동으로 만든 것이기에 청색의 녹이 나오는 것도 썩은 것은 적고 대체로 부서지지 않고 흙 속에서 나옵니다. 그런데 고분에 있던 칼이나 검의 종류가 되면 그 숫자는 매우 많은데 재료가 철이기에 붉은 녹이 슬어 너덜너덜하게 썩어 버려 완전하게 꺼내는 것은 거의 어렵습니다. 다만 칼집 위에 장식으로 있던 금도금의 동 부분만이 비교적 잘 남아 있을 뿐입니다. 그러나 이 시기의 도검의 몸체는 모두 반듯하여 뒤의 시대에 나타난 칼과 같이 휨이 없습니다. 또 요리토모조(源賴朝)나 요시츠네(義經) 등의 시대가 되면 여러분도 알고 있듯이 일본도라는 것이 왕성하게 만들어져 중국에도 수출될 정도였습니다만 이 오랜 시대에는 오히려 중국이나 조선으로부터 좋은 도검이 수입되었던 것입니다.

도검의 몸체 형태는 대체로 큰 차이는 없습니다. 손잡이의 형태에는 여러 다른 것이 있고 그 가운데 드문 것으로 "쿠부츠찌"라는 태도(太刀)가 있습니다. 이것은 손잡이의 머리 부분 혹은 주먹을 구부린 것과 같은 형태를 하고 있는 것으로 많은 경우는 금도금을 한 동으로 매우 아름답습니다. 이렇게 만든 칼은 중국에서도 조선에서도 발견되지 않기에 우선 일본에서 처음으로 만들어진 것으로 생각됩니다. 그 다음으로 환두(環頭)의 태도(太刀)라는 것이 있습니다. 이것은 손잡이 머리 부분이 고리 모양으로 이 안에 새나 짐승 혹은 꽃의 모양을 붙이고 있는 것입니다. 이 종류 자체는 조선이나 중국에서도 나오기 때문에 많은 경우는 이곳에서 일본이 수입한 것인가 또 그것을 모조한 것인가 생각됩니다. 그 다음 또 시대가 약간 뒤가 되면 일본에서 만들었다고 생각되는 것으로 궐수도(蕨手刀)라는 것이 있습니다만, 이것은 큰 것이 아니라 작은 칼의 손잡이 머리 부분이 굽어 있습니다(제68도).

이상 언급한 여러 도검의 제작은 대체로 도금을 한 동으로 만든 것으로 그 가운데에는 "쿠부츠찌"와 같이 일본이 독특하게 만든 것도 있습니다만 많은 경우는 중국과 조선의 것 혹은 그것을 흉내 낸 외국풍의 것을 그 시대 사람들이 즐겨 사용한 것은 무리가 없습니다. 그러나 한편으로는 일본에 이전부터 만든 도검도 역시 사용되고 있었습니다. 예를 들면 검의 손잡이 부분을 녹각으로 장식하고 그 위에 외국에서는 볼 수 없는 직선이나 호선(弧線)을 조합한 문양을 붙인 일본풍의 도검이 외국적인 도검과 동시에 사용되고 있었습니다. 이것은 그러한 도검들이 같은 묘에서 함께 발견되는 것으로 잘 알 수 있습니다.

이전 사람들은 오늘날 시골의 벌목꾼이나 농부가 산에 갈 때 낫이나 도끼를 허리

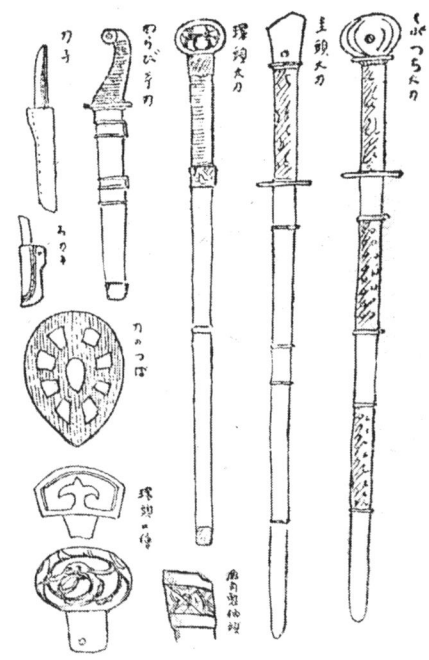

┃제68도 일본 고분 발견 도검

에 차고 있듯이 분명 무엇인가 날붙이를 가지고 있었던 것으로 생각합니다. 또 여러분이 학교에서 연필을 깎을 때에 칼이 필요하듯이 이전 사람도 늘 작은 칼을 가지고 있었습니다. 그 작은 칼을 도자(刀子)라고 합니다만 그것이 묘지에서 많이 발견됩니다. 이 도자는 남자뿐만 아니라 여자도 몸을 지키기 위해 가지고 있었다고 생각됩니다. 그 손잡이는 나무로 만든 것 외에 털이 있는 가죽을 함께 꿰매어 만든 것이 일반적이었던 것 같습니다. 그리고 묘에 실제의 도자를 넣었을 뿐만 아니라 돌로 만든 도자를 잠깐 보면 어떤 모양인지 모르는 형태를 한 것도 많이 묻었

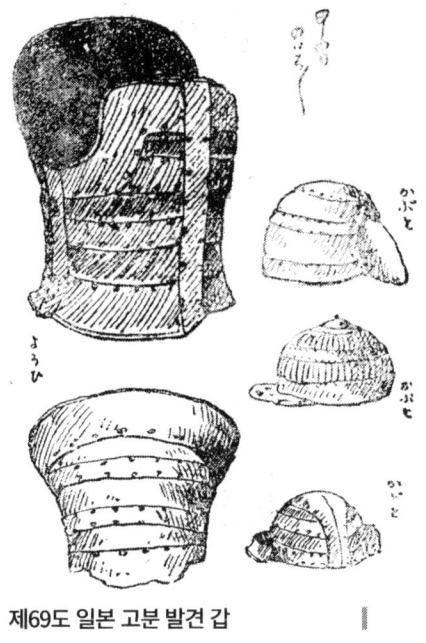

제69도 일본 고분 발견 갑

던 것입니다. 그것이 역시 고분에서 나옵니다(제68도).

그러면 도검이 나올 정도이기에 갑주도 묘에서 많이 나왔습니다. 이것은 대체로 철로 만든 것으로 후대의 갑옷이나 검도(劍道)의 중앙 부분과 닮은 것입니다. 다소간 얇은 철판으로 만들고 이것을 가죽 끈으로 함께 묶은 것이기에 지금에는 너덜너덜해져서 완전히 남아 있는 것은 드뭅니다(제69도). 물론 이 철 갑주 외에 가죽으로 만든 것도 있었다고 생각됩니다만 이것은 특히 썩어버려 지금은 남아 있지 않습니다. 그러나 이러한 갑주를 어떻게 차고 있었는가 하는 것은 하니와 인형에 갑주를 입은 것이 남아 있기에 그것을 보고 대체의 형편을 상상할 수 있습니다.

8) 마구, 토기 기타

다만 지금까지 언급한 옥이나 거울이나 검 등은 대체로 고분에 있는 석관 안 혹은 석실 내 시체 옆에 있었던 것입니다만 여전히 석관 밖이나 석실 안에는 그 시대 사람들이 사용하고 있던 여러 물품이 있습니다. 그 가운데에서도 우선 눈에 띄는 것은 말에 사용한 마구 종류입니다. 그것에는 철로 만든 자갈이나 안장이나 그 외의 것도 있습니다만 자갈 양측의 경판(鏡板)이라는 부분에 여러 장식이 붙어 있습니다. 또 안장에도 때로 금도금을 한 투각의 아름다운 장식을 붙인 것이 있습니다. 그 다음 안장에서 말의 가슴이나 엉덩이 부분으로 두르는 혁대에는 행엽(杏葉)이라는 장식이 붙어 있고 그 장식에는 대체로 철에 금도금을 한 동판이 달려 있으며 아름다운 당초 등의 문양이 투각되어 있습니다. 또 거기에 방울이 달려 있는 것도 있고 어느 정도 잘 처리되어 있습니다. 그 외 마탁(馬鐸)이라고 하여 행엽과 함께 달아 놓은 것도 있고 방울이 3련(聯)이 되어 진기한 형태의 것도 있습니다(제70도).

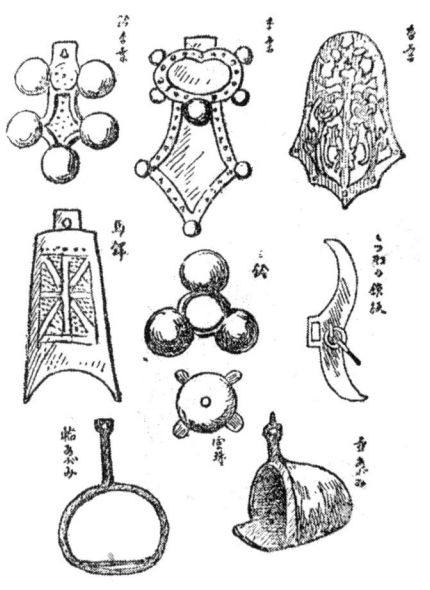

제70도 일본 고분 발견 마구

원래 말은 일본 석기시대의 패총에서 그 뼈가 발굴되기에 오래 전부터 일본에 있었던 것을 알 수 있습니다만 정말로 승마에 사용하기에 좋은 말은 역시 그 후 조선에서 수입되었을 것입니다. 그래서 마구도 말과 함께 조선과 중국 등에서 사용한 것을 그대로 일본에서 사용한 것 같습니다. 이러한 마구를 어떻게 사용했는가 하는 것은 하니와를 보면 알 수 있습니다. 『일본서기』에 다음과 같은 이야기가 나옵니다. 옛날에 웅략천황 때 카와찌(河內)의 아스카베군(安宿郡)에 타나베노하쿠손(田邊伯孫)이라는 사람이 있었는데 그 딸이 후루시군(古市郡)의 사람에게 시집을 가게 되었고 딸이 마침 아이를 낳았기에 하쿠손은 축하하기 위해 그 집에 갔습니다. 그 돌아오는 길에 그것은 달이 있는 밤의 일이었습니

제71도 타나베노 하쿠손이 예전능에서 말을 요청하다

다만 응신천황(하쿠손 때부터 백년 정도 전에 해당한다)의 능 앞을 지나가는데 매우 멋진 붉은 말에 타고 있는 사람을 우연히 만났습니다. 자신의 말은 느려빠져 정말 말을 듣지 않았기에 그 말을 가지고 싶다고 생각하여 여러 이야기를 한 끝에 붉은 말을 돌려받고 기뻐서 집에 돌아왔습니다. 그런데 그 다음 날 말우리에 가서 보니 놀랍게도 그것은 흙 말이었습니다. 이것을 이상하다고 생각하여 하쿠손은 어제의 응신천황 능에 가서 보니 자신이 타고 있던 말은 능 앞에 있는 하니와의 흙 말 사이에 있어 주인을 기다리고 있었기에 또 놀랐습니다. 결국 그 말과 흙 말을 바꾸어 집으로 끌고 돌아왔다는 흥미로운 이야기입니다. 이것은 그 시대 카와찌의 관리가 조선에 보고한 사실로서 어떻든 당시 말에는 타는 것이 있었고 또 하니와의 말이 능에 서 있었다는 것을 우리에게 가르쳐 주고 있는 이야기입니다.

마구 외에 고분에서 많이 나오는 것은 토기입니다. 그러나 이 토기는 매우 오랜 고분에서는 그렇게 발견되지 않고 석실이 생긴 때부터 고분에 많이 넣었고 하나의 묘에서 때로는 5, 60개나 한 번에 토기가 나오는 경우도 있습니다. 그러한 토기를 굽는 방식은 앞서 언급한 야요이식 토기와 같이 붉은 색의 부드러운 유약이 없는 것도 있습니다만 대체로는 쥐색을 띤 매우 단단한 도기라고도 할 만한 도자기로 우리들은 이것을 이와이베(祝部) 토기라고 부르고 있습니다. 이것을 굽는 방식은 조선으로부터 들어와 일본에서 점차로 이를 굽게 되었는데 그 형태는 여러 가지입니다. 예를 들면 배(坏)라는 평편한 대접과 같은 것, 거기에 덮개가 붙은 것, 또 그 배에 높은 대가 붙은 고배(高坏)라는 것 등 많이 있습니다. 이러한 것들은 보통 식사 도구라고 생각합니다. 그 외 호(壺)에도 목이 긴 것이나 짧은 것 등 여러 가지가 있습니다. 또 술이나 물이 5, 6승이나 들어가는 큰 항아리[大甕]가 있고 드물게 형편이 좋은 것으로는 긴 무늬를 넣은 호를 얹은 대(臺)라든가 호와 대를 붙인 것이라든가 호의 아가리 주변에 인간이나 말의 작은 형태를 붙인, 장식이 있는 호라든가 또 아가리가 붙은 요강과 같은 것도 있습니다만 그 가운데에서도 이상한 것은 하사후(瓠-항아리 : 역자)라는 물품입니다. 그것은 작은 병 위에 흰 독말풀과 같은 형태로 아가리가 있고 병의 옆에 작은 구멍이 있는 것입니다. 무엇에 사용하였을까는 잘 모르겠습니다만 어느 사람은 그 구멍에 작은 죽관(竹管)을 꽂아 안에 있는 물이나 술을 마셨을 것이라고 말합니다. 혹시 그러하였을지도 모르겠습니다. 또 옆으로 긴 섬[俵]과 같은 상황으로 하여 그 정중앙에 아가리를 붙인 횡옹(橫甕)이라는 것이 있고 납작한 병에 끈을 매단 귀와 아가리[耳口]가 달린 제병(提瓶)이라는 것이 있어 이것은 오늘날 마치 알루미늄으로 만든 물통과 같이 물을 넣어 휴대하였던 것임에 틀림없습니다. 마치 여러분이 소풍을 갈 때 사용하는 물통과 같은 것입니다만 이것은 처음에는 짐승 가죽으로 만든 물 부대에서 그 형태가 나왔습니다. 그래서 가죽의 재봉 등을 분명히 나타낸, 피대형(皮袋形)의 토기가 때때로 발견됩니다. 그 외 오늘날에는 사용방법을 알 수 있는 것과 같은 물품도 많이 나옵니다만 이것을 앞서 여러분과 함께 보았던 석기시대의 토기와 비교하면 대략적인 것이 분명하게 되고 그 장식으로 해서도 어지러운 곡선 문양 등은 없고 그 형태도 대체로 일정합니다. 이러한 점에서 보면 이러한 토기들은 아마 전문적인 토기 제조인이 공장에서 만든 것을 각지로 팔기 시작한 것임에 틀림없습니다. 그래서 미술적인 목적에서도 그야말로 실용적인 것이 된 것이 많은 것을 알 수 있습니다(제72도).

고분에서도 보통 발견되는 것은 지금까지 기술한 것과 같은 것입니다. 그 외에 때때로 발견되는 것으로는 동으로 도금을 한 관(冠)이나 또 마찬가지로 동으로 만든 답(沓, 가죽)이 있습니다. 이것은 뒤에서 이야기하는 조선의 고분에서도 나오는 것입니다. 이러한 답이나 관은 물론 평생 사용한 것은 아니고 의식 때 사용하였을 것입니다. 또 오늘날의 게

제72도 일본 고분 발견 이와이베 토기   제73도 일본 고분 관화 외

타(下駄)[19]와 닮은 것으로 게타 앞의 구멍이 왼발은 왼쪽으로 오른 발은 오른쪽으로 치우친 돌게타가 나오고 있습니다. 이것도 평생은 나무로 만든 게타를 신었습니다만 많은 경우 짚신 외에 가죽 신발을 신고 또 그러한 형태의 게타를 비가 올 때에는 신고 있었던 것을 알 수 있습니다. 그러면 우리들의 게타는 상당히 이전부터 있었다는 것을 알 수 있고 무엇인가 흥미롭지 않습니까. 또 마찬가지 돌로 만든 물품에 가래 형태를 한 것이나 팔찌의 형태를 한 것 등이 나옵니다만 이 가운데에는 과연 무엇에 사용되었을까는 잘 알 수 없는 것도 많이 있습니다(제73도).

[19] 일본 역사상 농기구의 하나로 시작된 게타는 그 후 보행할 때, 화장실 용변을 위하여, 옷자락을 더럽히지 않기 위하여 사용되었다.

9) 건축, 조각, 회화 등

지금까지 일본의 고분과 그 가운데에서 발견되는 여러 유물들을 보았습니다. 이러한 물품들은 모두 오랜 시대의 사람이 만든 미술품, 공예품으로 이 외에 따로 미술도 공예도 없는 것입니다만 지금 새롭게 이러한 것들에서 특히 이 시대의 건축은 어떠한 것이었을까, 조각, 회화는 어떠한 것이었을까를 언급하고자 합니다.

첫째로 건축은 고분의 석실 등도 일종의 건축입니다. 인간이 사는 집 등은 어떠한 것이었을까 하면 앞에서도 언급한 대로 지붕은 초가지붕 혹은 판자지붕, 기둥은 둥근 재목을 그대로 혹은 껍질을 벗겨 사용하고 기둥 밑에는 주춧돌 없이 그대로 땅에 기둥을 박은 작은 집이라는 것이었기 때문에 오늘날 그 흔적은 어떤 것도 남아 있지 않습니다. 그 때문에 이것은 다만 하니와의 집이나 그 외의 물품에 나타나 있는 집의 형태와 역사나 노래 관련 문헌 등에 기록되어 있는 것으로 상상하는 것 외

제74도 동탁의 모형화

에는 지금 여전히 신사나 민간에 남아 있는 오래된 방식을 참고하는 방법밖에는 없습니다. 또 창고와 같은 건물은 많은 경우 오늘날도 나라(奈良)의 정창원 등에서 볼 수 있듯이 나무를 조합한 교창(校倉)이라는 것이었다고 생각됩니다.

그 다음으로 조각이라는 것은 어떠하였는가 하면 이것은 하니와의 인형이나 동물상 또는 석인, 석마 등이 그것입니다. 물론 하니와는 장례식 때에 만들어 묘지에 세운 것으로 매우 공을 들여 만든 것은 아닙니다만 그 조악하여 기술이 떨어지는 방식 가운데에서도 이 시대의 사람들의 순수하고 솔직한 마음을 잘 표현하고 있습니다. 이러한 하니와의 인형을 만든 시대에 조선으로부터 불교가 전해져 석가, 미륵, 관음과 같은 불상이 들어오게 되어 놀라운 것은 무리가 없습니다. 이것은 멋진 모습으로 감심하였고 불교를 믿는 사람도 많이 생겼습니다만, 그 가운데 일본에서도 불상을 만들게 되었고 그로부터 백년이 지나지 않아 나라(奈良)조가 돼서는 그 본가인 중국, 조선의 불상보다도 뛰어났지 뒤떨어지지 않는 멋진 조각이 나왔습니다.

그러면 이 시대의 회화라는 것은 남아 있는가 하면 물론 창호지나 당지(唐紙)에 그리고 족자로 한 회화 등은 이 시대에는 없을 뿐만 아니라 또 있었다고 하여 오늘날까지 남아 있을 리 없습니다. 또 유럽의 구석기시대처럼 동굴에 그린 훌륭한 동물화 등도 전혀 없고 다만 동탁 위에 나타나 있는 간단한 아이가 그린 것과 같으나 매우 흥미로운 인물, 동물, 가옥 그림 외에는 이와이베토기나 그 외의 물품 또는 고분의 석실횡혈 내 벽 등에 조각한 그야말로 조악한 인물이나 방패, 활통 등의 물품 그림이 조금 남아 있을 뿐입니다. 매우 이전의 일본인은 결코 그림을 잘 그렸다거나 좋아했다고는 말할 수 없습니다. 그러나 그것은 타고나면서 그림을 잘 그리지 못했다는 증거는 아니고, 후에 중국, 조선에서 회화가 전해 오면 바로 그것을 배우고 매우 멋진 것을 그리기 시작하게 되었습니다.

다음으로 장식의 문양도 석기시대의 토기에 있는 것과 같은 곡선이 어지러운 문명이 전혀 없는 것은 앞서 언급한 대로입니다. 다만 간단한 원이나 삼각도 외에는 도검의 손잡이 장식에 있었던 것과 같은 직선과 호선을 조합한 이상한 문양이 눈에 띌 정도입니다. 이 문양은 우선 일본에서밖에 볼 수 없는 것으로 고분의 내부나 그 외 물품에도 잘 표현되어 있는데 그렇게 드물기에 최근 서양에서 유행하는 문양인가 생각하는 사람이 있을 정도입니다. 이 외 마구나 무엇인가 중국, 조선에서 전해져 그것을 흉내 낸 물품에 중국, 조선풍의 문양이 나타나 있는 것도 있습니다. 그것은 그 시대에는 아직 빌린 것에 지나지

제75도 일본 고분 장식 모형도

않았던 것입니다.

　이렇게 고분에서 나오는 물품을 보아 우리들은 그 시대 사람들이 어떠한 마음이었는가, 어떠한 취미를 가지고 있었는가를 알 수 있습니다. 또 중국에서 들어온 문화 외에 이전부터 일본인이 가지고 있었고 여전히 남아있는 고유문화나 취미가 알려져 있습니다. 그것은 최근 서양문양이 들어와 아무리 서양풍을 배워도 어느 점에서는 일본인은 일본인다운 취미와 특질이 사라지지 않는 것을 보여줍니다. 또 그것이 없어져서는 일본인이 아니게 되기에 귀중한 것입니다.

　또 이러한 고분에서 나온 물품을 조사해 알려지게 된 것은 얼마든지 있습니다. 예를 들면 이전 사람들은 어떠한 생활을 하였고 어떠한 풍속을 가지고 있었는가 하는 것도 문헌만으로는 분명히 알 수 없는 것을 잘 알 수 있습니다. 고분을 함부로 발굴하는 것은 나쁜 것입니다만 무엇인가의 박자에 훼손되기로 하고 그 안에서 물품이 나왔을 때에는 귀중하게 그것을 보존하고 정중히 그것을 조사하지 않으면 안 됩니다. 그리고 이러한 것을 조사하는 사람이 고고학을 하는 학자입니다. 여전히 이전의 풍속이나 생활의 존재 양식에 대한 상세한 것은 여기에서 이야기할 시간도 없고 여러분이 역사책이나 다른 선생으로부터 가르침을 받기를 바라며 오늘은 이것만으로 끝내고자 합니다.

10) 고와(古瓦), 고건축

　일본의 고분에서 발견되고 있는 여러 물품을 여러분과 함께 보아 왔습니다만 일본 고분과 매우 닮아 있는 조선 등의 고분에 대해서도 박물관의 참고로서 조금이지만 물품이나 모형을 나열하고 있기에 이러한 것들을 보지 않으면 안 됩니다만 그 이전에 여기에 있는 일본에서 나온 고와를 잠깐 보기로 합니다.

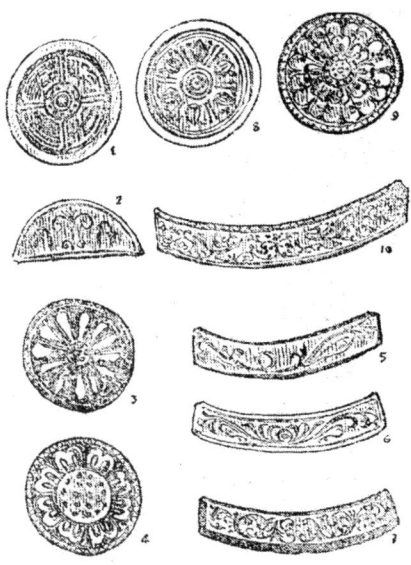

제76도 일본 조선 중국의 고와

일본의 고분이 만들어진 시대의 말기에는 벌써 조선을 거쳐 일본으로 불교가 들어와 그것과 함께 사찰건축이 점차로 막 생기기 시작하였습니다. 야마토의 법륭사 등의 큰 사찰이 생겼을 때 지금까지 우리들이 본 고분이 여전히 만들어져 있었습니다. 그런데 중국의 매우 오랜 고분에는 묘 앞에 영옥(靈屋)과 같은 건축이 있었던 것도 있고 그것에 사용한 옛 기와 등이 발견됩니다만 일본에는 그러한 것은 하나도 없습니다. 그러나 일본의 사찰 기와는 앞서 언급한 이와이베토기와 거의 같은 방식으로 만들어진 단단한 쥐색의 도자기입니다. 그것은 앞서 언급한 대로 조선에서 그 제작법이 전해진 것입니다. 이 고와가 오래된 사찰의 경내나 고찰(古刹)이 있던 장소에서 지금은 밭이 되어 있는 데에서 자주 발견됩니다. 그래서 여러분도 고분을 보러 가기도 하고 석기 채집에 나서기도 할 때에는 이러한 고와를 줍는 경우도 있을 것이기 때문에 기와의 이야기를 조금 알아 두는 것도 전혀 무용하지 않습니다.

중국에서는 한나라 때에는 둥근 기와 앞에 문양이나 문자가 있었습니다. 기와의 이 부분을 와당이라고 부릅니다. 그 가운데에는 또 아주 둥근 것이 아니라 반원형의 것도 있습니다. 그러나 평와(平瓦) 나중에는 당초(唐草) 등이 장식되어 있는 것이기에 이것을 당초와(唐草瓦)라고 말합니다만 그 끝에는 문양이 되어 있지 않았습니다. 일본의 기와는 마침 중국의 수나라 때에 조선에서 수입된 것으로 원와(圓瓦)의 끝에는 연화 문양이 장식되어 있고 기와 끝에도 때로 만초(蔓草)의 문양 등을 붙인 것이 있습니다. 그 연화 문양은 중앙의 열매가 매우 큰 형태의 것도 있고 화판의 형편도 크게 아름답고 만초의 형태도 매우 잘 되어 있고 그 조각방식도 강하고 멋집니다. 또 기와는 크고 오늘날의 2배 정도의 것도 있습니다. 또 그 나열방식도 오늘날과는 약간 다릅니다. 성덕태자의 시대(아스카시대라고 합니다)에 이용된 이러한 멋진 기와도 점차로 시대가 흐름에 따라서 조악하게 되고 성덕천황의 시기(나라시대 혹은 천평시대하고 한다)를 지나서는 문양은 질이 떨어지고 의장도 뒤처지게 되어 버린 것은 이상한 일입니다. 그것은 이렇게 큰 기와는 지붕을 이엉하기 위해서는 너무 무겁기에 나중에는 가벼운 기와를 만들게 되었던 점, 와사(瓦師)도 되도록 싼 것을 많이 만들게 하였기 때문에 나쁜 것들이 많이 나올 수밖에 없었습니다. 우리들은 그 기와의 형태와 문양이 시대마다 다르다는 것을 보아 그 건축이 어느 시대의 것인가 하는 것을 알 수 있습니다. 미술이나 역사에서 보아 매우 도움이 됩니다만 그 이야기를 하자면 너무 길어지기에 지금은 그만두고자 합니다. 또 다른 선생으로부터 들을 기회가 있을 것입니다. 여전히 오래된 사찰이 있었던 곳에는 기와 외에 큰 기둥의 초석이 남아 있는 경우도 있습니다. 그 초석이 나열되어 있는 방식을 보아 거기에는 원래 어떠한 형태의 당이 지어져 있었는가를 알 수 있습니다. 물론 이 시대의 사찰건축으로 오늘날에도 여전히 이선의 초석 위에 세우고 있는 것도 가끔은 드물게 남아 있습니다. 법륭사의 5층탑, 중문 등이 가장 오래된 것이기에 천 수 백년이나 긴 기간 동안 목조건축이 그대로 전해지고 있다고 하는 것은 세계에서도 그렇게 예가 없는 것입니다. 그 다음에 오래된 것은 나라(奈良)의 서쪽에 있는 약사사(藥師寺)의 탑, 그 다음에는 성무(聖武)천황 때 세워진 건물이 나라에 가끔 남아 있습니다. 이러한 사찰을 보면 여러분은 여러 건축방식이 다른 점을 알 수 있고 또 이전 건축이 얼마나 잘 빠졌는지에 관심을 가지게 됩니다만 이 건축의 이야기도 또 다른 때 하고자 합니다.

그러나 여기에서 약간 언급해 두고자 하는 것은 이러한 사찰 건축이 중국, 조선으로부터 전해져 천황의 어전이나 귀족의 가옥도 이렇게 만들어지게 되었습니다. 인민의 집 등은 대체로 역시 이전대로의 형태로 만들어졌다고 생각되고 특히 이세대신궁(伊勢大神宮)이나 이즈모대사(出雲大社)와 같은 신사는 매우 오랜 시대의 일본 집의 형태를 그대로 만들게 되었던 것입니다. 그리고 오늘날 여전히 대신궁은 여러 번 다시 지었어도 형태만은 이전대로 지붕은 초가지붕, 기둥은 초석 없이 그리고 백목(白木) 그대로입니다. 지붕 위의 양끝에 X자로 교차시킨 목재와 마룻대 위에 장식으로서 마룻대와 직각으로 늘어놓은 통나무가 지붕 위에 붙어 있어 얼마나 하니와의 집 형태를 생각나게 하는 것은 무엇인가 신성한 것이 아니겠습니까.

3. 조선과 만주의 고분실

1) 남조선의 고분

조선에서도 석기시대의 유물이 나오는 것은 앞에서 언급했습니다. 지금으로부터 2천 3, 4백 정도 전 중국 주나라 말기부터 한나라 초기에 걸쳐서 중국으로부터 금속사용이 전해져 청동기·철기시대가 된 것은

제77도 서부 북조선 돌멘 고분

일본과 대체로 같은 시기였습니다. 그런데 마침 이 석기에서 금속으로 들어온 시기에 조선에서는 큰 돌로 만든 서양의 거석기념물 돌멘과 닮은 묘가 북쪽에서 남쪽에 걸쳐서 만들어졌습니다. 지역 사람들은 그것을 고인돌(지석묘)이라고 부릅니다. 그것은 다른 국가에서 볼 수 없는 멋진 형태의 것으로 하부를 장방형의 상자와 같이 만들고 큰 경우에는 위에 얹혀 놓은 1장의 천장석의 길이가 3칸 이상이나 되는 것도 있습니다. 그렇다고는 하나 이렇게 큰 것은 그렇게 많지는 않습니다. 그 가운데 특히 볼 만한 것은 서부 조선의 황해도에 있는 것입니다(제77도). 남조선에는 위의 돌이 특히 두껍고 크며 옆의 돌이 낮은 점이 눈에 띱니다.

그 후 남조선에는 삼한이라는 작은 국가들이 분립하여 그 가운데 진한은 신라가 되고 변한은 일본의 식민지 임나(任那)가 되었으며 또 마한은 백제가 되었습니다. 그런데 이 국가들의 문화는 일본의 서남 지방 큐슈(九州) 주변 문화와 대체로 닮아 있고 그 시대의 오래된 묘지에서 나오는 물품들은 일본의 것과 크게 차이가 없습니다. 그 중에서도 일본의 식민지였던 임나나 신라의 고분에서는 특히 그러합니다. 어떻든 남조선 사람들은 일본의 큐슈 주변의 인간과 민족상으로 보아도 큰 변함이 없는 것처럼 생각됩니다. 그러나 조선에는 일본의 고분에서 여러분이 본 것과 같은 전방후원의 무덤은 없고 다만 둥근 무덤 두 개를 합친 표주박 모양의 것이 있을 뿐입니다. 또 남조선의 어느 곳에서는 하니와 원통과 같은 것이 발견되었고 또 구옥도 많이 나오기 때문에 어느 정도 일본풍인가 생각하면 또 일본의 고분에서는 중국의 거울이 많이 나옴에도 불구하고 조선의 고분에서는 이 거울이 거의 모습을 보이지 않고 있습니다. 그 사이에 다소 다른 측면이 있고 민족은 같아도 이미 다른 국가를 만들고 있었다고 생각할 수 있습니다.

그러면 남조선의 여기저기에 많은 고분이 있습니다. 그 중에서도 가장 많이 남긴 것은 신라 수도 경주입니다. 이 곳은 부산에서 경성으로 가는 기차로 2시간 반쯤 가면 대구에 도착하고 거기에서 지선으로 갈아타 가든가 혹은 부산에서 직접 가는 기차도 있어 4, 5시간이면 갈 수 있는 곳입니다. 경주에는 주위에 낮은 산이 있고 한쪽만이 약간 펼쳐진 지세는 마치 일본의 나라(奈良)와 닮아 있고 그야말로 풍광이 좋은 곳입니다. 이 마을에 도착하면 낮은 조선의 집이 나란히 있는 가운데 매우 큰 흙의 만두가 우뚝 솟아 있는 경치에 누구라도 놀라게 됩니다. 이것은 모두 이전 신라의 왕이나 고위층의 고분입니다. 그 가운데에서도 가장 눈에 띄는 것은 경주 마을에 있는 봉황대라는 것으로 이곳은 높이 7, 8척 이상이나 되는 큰 둥근 무덤입니다. 경주의 이 고분에서는 오늘날까지 여러 가지가 발견되었습니다. 우리들을 놀라게 한 것은 1921년에 봉황대 서쪽의 반쯤 무너진 무덤에서 나온 물건입니다. 우리들은 그 무덤을 금관총(金冠塚)이라고 이름을 붙였습니다만 그것은 이 무덤에서 멋진 황금관이 나왔기 때문입니다. 이 관은 그야말로 순금으로 만든 것으로 5본의 앞 장식물에는 작고 둥근

제78도 조선 경주 고분군

빛나는 아름다운 녹색 비취의 작은 구옥이 60개나 달려 있었습니다. 이 것을 머리에 써 보면 이것들이 흔들거려 무엇이라고 말할 수 없는 아름 다움을 보여줍니다. 그뿐만 아니라 관의 한 가운데에는 새의 깃털과 닮 은 긴 금장식을 뒤쪽에 세우고 또 관의 양측으로는 금장식을 밑으로 내 리고 그 끝에 구옥이 달려 있는 훌륭한 멋진 금관입니다. 또 이 관을 쓰 고 있는 사람의 허리에는 금장식의 아름다운 혁대가 있고 이 혁대의 허 리둘레에는 17본의 황금으로 만든 주머니를 차고 있으며 그 주머니 앞 에는 향을 넣은 것이나 물고기 모양의 것이나 구옥이나 족집게와 같은 작은 도구가 붙어 있 습니다. 그리고 또 팔에는 팔찌, 손가락에는 손가락 반지를 끼고 다리에는 금도금의 아름 다운 청동으로 만든 신발이 붙어 있습니다. 이 뿐만 아니라 이 무덤에서는 중국에서 건너온 동기, 유리 그릇 종류를 비롯하여 마구, 도검, 토기 등이 무수하게 나왔기 때문에 실제로 보 는 사람의 눈을 놀라게 하였습니다. 나도 마 침 그것들이 발견되었을 때에 그곳에 가서 그 훌륭함에 놀랐습니다. 그러나 나는 한번 이 금관을 머리에 써 본 적이 있었습니다. 이러한 관이나 여러 장식을 붙은 것을 쓴 이 시기의 사람들은 얼마나 무겁고 갑갑하였을까 생각 하였습니다. 이것은 아마 신라의 오랜 왕의 묘 일 것입니다만 그 왕의 이름은 알 수 없어 유 감입니다. 그러나 대체로 일본의 계체(繼體)

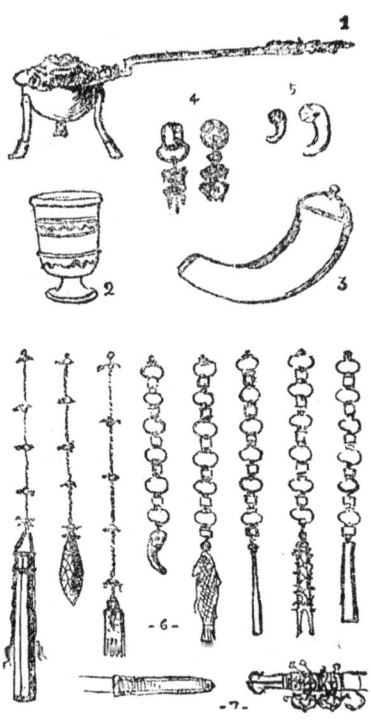

제79도 경주 금관총 발견 유물

천황에서부터 흠명(欽明)천황시기(지금부터 천 4, 5백년 전)의 고분이라고 생각됩니다(제79도).

  이러한 무덤은 이뿐만 아니라 그 후 마찬가지의 금관이 점점 나타났습니다. 오른쪽 봉황대 남쪽의 작은 무덤에서도 금관이 나온 것입니다. 그것은 형태가 작고 또 허리에서 내린 장식물도 작고 귀여웠기에 아마 왕의 자식의 묘일 것으로 상상됩니다. 또 금관총의 바로 서쪽의 무덤[20]을 1926년에 스웨덴의 황태자[21] 부부가 왔을 때 발굴해 보았습니다. 이것도 금관총과 마찬가지로 구옥이 붙은 금관이나 금장식이 나왔기에 그 물품을 그대로 흙 속에 나열하여 황태자에게 보여주었습니다. 아침 햇살을 받아 금빛으로 번쩍번쩍하게 빛나고 있는 물품의 모습은 무엇이라고 표현할 수 없는 정도로 볼 만한 것이었습니다. 『일본서기』에서도 신라는 금은이 많은 나라라고 기술하고 있습니다만 그것은 분명한 사실입니다. 그리고 그 정도의 금으로 만든 물품이 묘에 들어 있던 예는 일본에서는 아직 하나도 발견되지 않았습니다. 그러나 그것들은 금으로 만들었습니다만 그 만드는 방식은 그렇게 정교하지 않고 미술적이라기보다도 다만 앞뒤를 생각하지 않고 금을 사용한 낮은 취향의 물품이라고 말할 수밖에 없습니다. 이 외의 고분에서 이 정도로 눈에 띄는 금으로 만든 물품은 지금까지 나온 적이 없습니다만, 귀걸이만은 언제나 금으로 만들었습니다. 관이나 허리 장식 등은 같은 형태라도 동으로 금도금을 한 것이나 은으로 만든 것이 나왔을 뿐입니다. 그렇게 많은 것은 아닙니다만 일본의

20) 이것은 후에 스웨덴의 황태자와 관련하여 스웨덴의 한자 '서전(瑞典)'에서 서(瑞)에다가 왕을 상징하는 '봉'자를 붙여 서봉총이라 명명되었다.
21) 오스카 프레드리크 빌헬름 올라프 구스타프 아돌프(Oscar Fredrik Wilhelm Olaf Gusraf Adolf)

제80도 고대 신라인 복식 상상도

고분에서도 이 같은 종류의 관이나 혁대 장식이 역시 나왔고, 특히 토기는 그야말로 이와이베토기와 같이 굽는 방식이 같은 것들로 이것들은 모두 조선으로부터 일본에 전해진 것입니다. 그러나 구옥은 과연 어느 쪽에서 어디로 전해졌는가는 잘 알 수 없습니다만, 일본에서 조선으로 전해졌을지도 모르겠습니다.

지금 언급한 고분은 모두 둥근 무덤으로 그 가운데 옻으로 칠한 관을 묻고 그 위를 큰 돌덩어리로 덮은 것입니다. 이것을 적석총(積石塚)이라고 합니다. 신라의 오래된 묘는 이러한 축조방식이었습니다. 그 후 석실을 만들게 되어 마침 일본에 있는 것과 마찬가지의 고분이 조선에서도 나온 것입니다. 어떻든 남조선의 고분이 일본의 고분과 매우 닮아 있는 것은 이상 언급한 것만으로도 알 수 있을 것입니다.

2) 북조선 및 만주의 고분

조선의 북방은 지금부터 2천년 정도 전 만주 쪽에서 한의 무제라는 강한 천자가 공격해 와서 그곳을 점령하여 낙랑군 등 중국의 군을 4개나 설치한 곳입니다. 특히 낙랑군의 관청이 있었던 곳은 오늘날 평양 남쪽, 대동강의 맞은 편 해안에 있었고 오래된 성벽의 흔적도 있습니다. 중국으로부터 파견된 관리가 여기에 머물며 그 후 4백여 년이나 조선을 통치하고 있었던 것입니다. 그래서 이 부근에는 그 시기 중국인의 고분이 많이 있습니다. 이것은 모두 비교적 소형의 사각형 무덤으로 그 가운데에는 목관을 넣은 것이나 벽돌(전甎이라고 합니다)로 큰 방을 만든 것도 있습니다. 그 벽돌에는 여러 문양이 있습니다. 이러한 묘를 발굴하면 멋진 물품이 많이 나옵니다. 그것에는 전에 신라의 묘에서 본 것과 같은 금빛으로 빛나는 것은 적고 더욱 평범한 동이나 옥으로 만든 물품으로 오히려 미술적으로는 매우 뛰어난 것이 대체로 많은 편입니다. 신라 사람들과 여기에 있던 사람들의 취미가 서로 다르다는 것을 잘 알 수 있고 이 점은 흥미롭다고 생각합니다.

어느 묘에서는 목관 안 시체의 가슴 주변에 둥근 옥으로 만든 벽(璧)이나 입 주변에서는 매미 모양을 한 옥의 장식 등이 나왔습니다. 또 옥의 장식이 붙은 검이나 백동의 거울, 그 다음 동제 호 등도 나왔습니다. 그 중에서도 멋진 것은 금 칼집의 중간에 댄 쇠였습니다. 이 쇠는 가느다란 털과 같은 금사(金絲)와 금립(金粒)으로 사자 모양을 만들어 거기에 보석을 박아 넣은 가느다란 세공은 오늘날에도 쉽게 가능하지 않는다고 생각될 정도로 뛰어난 것입니다. 또 이러한 묘에서 칠기의 잔이나 화분, 상자 등이 많이 나왔는데 그 칠기에는 이것을 만들었을 때의 연호나 만든 사람의 이름이 작게 새겨져 있습니다. 그것에 의하면 한나라가 성했을 때 중국의 남서쪽 촉나라에서 만든 것이라는 것을 알 수 있습니다. 또 칠기 위에 아름다운 그림을 그린 것이나 흥미로운 인물을 그린 거북 껍질로 만든 작은 궤 등이 있습니다. 중국의 한나라 때에는 미술이 발전하고 있었다는 것이 역사책에 기록되어 있지만, 그 정도로 발전하고 있었을까 하는 것을 오늘날까지 누구도 상상

| 제81도 조선 낙랑고분 발견 유물

할 수 없었을 것입니다. 여전히 어느 묘에서는 칠기로 만든 화장 상자가 나와 그 가운데에는 적색 안료나 백분을 넣은 작은 뚜껑 있는 그릇이 있었습니다만 그 시기의 사람도 이러한 도구로 얼굴 화장을 한 것을 알 수 있습니다(제81도).

그러면 그 후 북조선에서는 고구려가 건설되어 중국인의 세력이 점점 없어져 버렸습니다. 고구려시대의 고분은 평양 부근 외에도 조선의 국경에 가까운 만주에서도 발견되어 거기에는 장군총 등이라는 이름이 붙어 있는 돌로 만든 이집트의 계단 피라미드와 같은 큰 묘가 있습니다. 이것은 고구려의 이전 시기 호태왕(好太王)이라는 왕의 묘라고 합니다. 그 묘 내부에는 돌로 만든 방이 있습니다만 오래 전에 그 내부가 황폐되어 지금은 어떠한 것도 남아 있지 않습니다. 또 이 묘에서 멀지 않은 곳에 그 왕에 대한 것을 기록한 자연석의 큰 비석(역주 : 광개토왕비)이 서 있습니다. 그것을 읽으면 일본인이 조선을 공격한 것이 적혀 있습니다만 아마 신공황후(神功皇后)의 삼한정벌(三韓征伐)에 관한 것 등이 적혀 있는 것처럼 생각됩니다. 이 장군총이나 비석이 있는 곳은 압록강 북쪽으로 오늘날에는 만주국의 영지가 되어 있습니다. 고구려는 그 후 수도를 북방으로부터 평양으로 옮겼기 때문에 그 후의 고분은 평양 부근에서 많이 발견됩니다. 그러한 묘 가운데 평양 서쪽 강서(江西)에 큰 석실이

제82도 조선 고구려 고분벽화

있는데 그 실내에는 실제로 놀라울 정도로 멋진 그림이 그려져 있습니다. 이 그림은 뛰어난 중국풍의 그림으로 마치 중국 육조 시기의 화풍을 보여주고 있습니다. 이것은 실제로 일본의 법륭사 금당 벽화와도 비교할 만한 우수한 고화입니다(제82도).

그러면 압록강을 건너 북방으로 가면 신흥 만주국에 도달합니다만 이곳은 청일전쟁, 러일전쟁 등이 있은 후 일본과 인연이 깊은 지역입니다. 남만주에는 역시 석기시대부터 이미 인간이 살고 있었습니다만 주나라 말기부터 한나라 초기에 중국이 왕성하게 식민을 한 것입니다. 그리고 그 시기의 고분이 여기저기에 남아 있습니다. 여순(旅順) 서쪽에 있는 노철산록(老鐵山麓) 등에는 오래된 성벽이 있고 또 오래된 묘가 많이 산재되어 있습니다. 그 가운데에는 벽돌로 만든 5개의 방이 있는 한나라 묘가 있습니다. 그것은 지금부터 30여 년 전에 내가 발굴하였습니다만 거울, 흙집 등이 나왔습니다. 이 묘는 그 후 무너져 버렸고 지금은 흔적도 남아 있지 않습니다. 또 여순 동쪽의 영성자(營城子)에서도 한나라의 묘가 있어 오래 전에 평양 부근의 묘에서 나온 것과 같은 칠기 등이 나왔고 작년 여기에서도 훌륭한 벽화가 있는 벽돌 묘가 발견되어 지금도 잘 보존되고 있습니다. 이곳은 고구려 제작의 것보다도 오랜 것으로 생각됩니다. 또 북쪽의 요양(遼陽) 북쪽에는 돌로 만든 큰 방의 고분이 있고 그 석실 벽화가 있습니다. 지금은 여순박물관이 소장하고 있고 이를 쉽게 볼 수 있습니다. 그 외 남만주의 각지에는 작은 벽돌로 만든 묘나 관이 있습니다. 특히 진기한 것은 조개껍질로 사방을 둘러싸고 그 가운데에 시체를 넣은 묘입니다. 그것을 조개묘[貝墓]라고 부릅니다. 이것은 석기시대의 패총과는 그야말로 다른 것으로 그 가운데에서 한나라의 물건이나 그 시기의 오래된 동전이 나옵니다. 이러한 고분이나 또 여기저기서 나오는 주나라 말기의 물건이나 오래된 동전에 비추어 남만주에도 오래 전에 주나라 말기부터 한나라 때에 중국 문명이 전해지고 있었다는 것을 알 수 있습니다. 이뿐만 아니라 그 시기의 사람들이 작은 배를 타고 해안으로 남만주부터 북조선의 낙랑을 거쳐 남조선에도 중국 문명을 전하였고 특히 일본의 서남쪽에도 왔었고 그 결과 조선도 일본도 긴 석기시대에서 깨어나 금속을 사용하는 새로운 시대로 점차로 이행하게 되었다고 생각됩니다. 어떻든 남만주나 조선에 있는 중국인의 고분은 그렇게 높은 지위의 사람의 묘는 아닙니다. 그러나 오늘날 아직 중국의 고분을 조사할 수 없기에 중국의 것을 알기 위해서도 매우 중요합니다.

　박물관의 견학도 오래 걸려 여러분도 피곤할 것입니다만 나도 이야기를 하다 보니 피곤했습니다. 우선 이것으로 견학을 마치고 차라도 마십시다. 그러나 여러분은 앞으로도 짬이 생기면 박물관에 가서 지금까지 본 유물을 다시 구체적으로 보고 모르는 것이 있으면 선생이나 박물관 사람들에게 질문하기를 바랍니다. 그러면 안녕히 계십시오. (끝)

후기

우메하라 쓰에치(梅原末治)

1929년 4월, 하마다 선생님이 아루스(アルス)사의 『일본아동문고』에 쓰신 『박물관』을 새롭게 『고고학입문』으로 제목을 바꾸어 『창원선서(創元選書)』의 1편으로서 다시 간행하고 싶다는 출판사의 희망이 있었다면서 내가 유족으로부터 모든 것을 부탁한다는 의뢰를 받은 것은 작년 이맘때쯤의 일이었다.

일본고고학의 기초를 구축하신 하마다 선생님에게는 고고학의 전 체계를 이야기하고 계시는 『통론고고학』의 명저가 있고 지금도 고고학의 지침이 되어 있는 것은 새삼스럽게 말할 필요도 없다. 아루스사를 위해 쓰신 이 책도 제목은 『박물관』으로 되어 있으나 이 또한 고고학 일반을 가장 쉽고 분명하게 쓰신 뛰어난 것이다. 이 책은 원래 <시작하는 말>에 언급되어 있듯이 선생님이 가르친 것을 마츠모토 류타로(松本龍太郞)씨가 필기하도록 한 것으로 되어 있으나 선생님은 출판한 해 여름휴가를 그야말로 이 책을 완성시키기 위해 할애하셨다. 본문의 보정(補正)부터 삽도(揷圖)의 거의 전부를 한 장 한 장 자신이 쓰시는 등 언뜻 쉬운 책을 위해 상당한 수고를 하셨고 당시 삽도가 완성될 때마다 그것을 보여주셨던 것이 지금도 생각이 난다. 선생님은 책을 만드는 것에 큰 흥미를 가지셨고 그것에 대해 두 배의 고민을 하셨다. 이 책은 체계가 잡히지 않아 설명이 어려운 고고학 지식을 쉽게 보여주기 위해 상당한 고민을 하셨고 삽도에도 신경을 쓰셨기 때문에 그 완성에 대해서는 선생님 자신도 매우 만족해 하셨던 모습이었다. 다만 책이 예약 출판이었기 때문에 고고학에 뜻을 두고 있는 사람들이 미처 읽지 못한 것은 은근히 유감스러운 일로 교실에서 차 모임 때 그것을 이야기하셨다. 이 책이 선생님이 쓰신 여러 많은 저술 중에서도 마음에 드는 것이었다는 것에 대한 하나의 일화가 있다. 그것은 1931년, 선생님이 히로시마문리과대학(廣島文理科大學 : 히로시마대학의 전신-역자)의 고고학 강의를 나가셨을 때 강의가 끝난 이후 사은회(謝恩會)의 석상에서 "자신의 이번 강의보다도 실은 아루스사의 『박물관』쪽이 어느 정도 구체적이다. 그러므로 여러분은 그것을 읽으면 좋을 것이다"라고 이야기하신 것이다.

본문에서 밝혔듯이 이 책은 고고박물관의 진열품을 보면서 고고학의 일반 지식을 이야기하는 방식을 취하고 있다. 더욱이 그 진열품을 마주하는 것처럼 다수의 그림을 선생님이 직접 그리시고 삽입하여 양자가 잘 어울리도록 조합하여 여러 유물·유적에 대한 정확한 지식을 전하려고 하는 점은 거의 그 예가 없는 것이다. 이 책의 짜임새에 대해서는 선생님이 추천하셨던 모르티예(G&A De Mortillet : 프랑스의 고고학자-역자)가 쓴 『선사박물관(Musée Préhistorique)』(파리, 1903)에서 힌트를 얻으셨는가라고 생각하는데 그보다도 우리들에게는 선생님의 업적을 영원히 전달하는 경도제국대학의 유명한 고고학진열실의 실제를 책으로 비추어질 수 있었던 것이라고 생각할 수 있는 점이 많다. 그리고 이 책은 또 다만 고고학 일반을 쉽게 해설하는 것뿐만 아니라 그 동안 스스로 선생님의 고고학에 대한 깊은 조예가 섞여 있다는 점에서 이른바 선생님이 개처하신 일본고고학의 대본(大本)을 보여주는 것이라고도 말할 수 있다. 심원한 학리를 쉽고 분명한 필체로 보여주는 것이 선생님이 이상으로 생각하고 계셨던 것이라고 우리들이 늘 받고 있는 부분이다. 이 점에서 이 책은 바로 선생님의 주장을 유감없이 나타난 것이라고 말할 수 있다. 그러므로 이 책은 만년에 쓰신 『소학독본(小學讀本)』 권11의 「고대의 유물」 1편과 함께 선생님의 일면을 전하는 데 가장 어울리는 것이라고 생각한다.

다만 처음에도 언급한 것처럼 이 책이 총서에 포함되었기에 선생님은 중요 고고학 관계자들에게 미치지 못한 것을 애석하게 여기고 계셨다. 이것이 이번에 다시 출간됨에 단지 동호자(同好者)만이 아니라 돌아가신 선생님도 분명히 만족하실 것이다. 더욱이 아루스사의 이 책이 세상에 나온 이후 이미 10년이나 지났다. 이번에 이 책을 다시 출간함에 있어서 원래대로 세상에 내놓는 것이 선생님의 본래의 뜻이 아니라는 것을 생각하고 오래 동안 여러 수고를 하실 때의 근본적인 뜻을 명심하여 오기(誤記)나 오식(誤植)을 바로 잡음과 동시에 그 후 알려진 새로운 사실에 대하여 약간 보충하여 쓴 것을 더하여 오늘날 고고학의 발전을 돕는 것을 기회로 삼았다. 이 보족에 대해서는 가능한 한 주의하여 범위를 사실의 기재에 한정하고 선생님의 견해는 본래 그 특색이 있는 가나[假名] 등을 보존하기 위해 노력하였다. 그러나 여전히 그 뜻에 반하는 부분이 없을까는 나에게 송구스러운 일이다. 마지막으로 이 책의 교정 일부는 이마이 후지오(今井富士雄)군이 수고했다. 새롭게 모습을 드러낸 제실박물관의 삽도를 그려준 고바야시 유키오(小林行雄)군의 노력에 돌아가신 선생님을 대신하여 감사의 뜻을 표하는 바이다.

1941년 8월
우메하라 스에치

역자 후기

『考古學入門』과의 조우

　역자가 하마다 코사쿠의 존재와 그 역할을 알게 된 계기는 일제에 의한 식민지 고고학사를 고찰하는 과정에서 였다. 특히 하마다 코사쿠가 교토제국대학에 1916년에 고고학강좌를 처음 설치하였다는 것을 알게 되었다. 또 서구의 고고학사를 살피는 과정에서 하마다 코사쿠가 런던대학의 이집트 고고학의 '아버지' 플린더스 페트리(W. M. Flinders Petrie, 1853~1942)의 제자라는 것도 알게 되었다. 페트리는 스톤헨지의 조사와 함께 피라미드의 측정 외에 여러 고분의 발굴을 하면서 출토된 유물 중 토기를 기준으로 연대에 대한 교차편년과 연속편년을 창안해 1892년에 런던대학의 이집트 고고학 초대 교수가 되었다. 그는 1904년에 Macmillan Co.에서 *Methods & Aims in Archaeology*(『고고학의 연구법과 그 목적』)을 발간하였고 이를 참고하여 1922년에 하마다는 『통론고고학(通論考古學)』을 내놓았다. 역자는 근대 일본 고고학의 토대 구축에 영국 고고학의 영향을 크게 받은 하마다의 행적을 추적하는 과정에서 『考古學入門』을 만나게 되었다. 역자는 국내이 중고 책 사이드에서 이 책을 구입 입수하여 내용을 검토한 결과 1920년대 서구의 박물관현황, 일본 고고학적 발굴의 현황과 뿐만 아니라 고고학자 하마다의 조선 고적 조사의 성과와 그 해석도 알 수 있었다. 이하에서는 이『고고학입문』이 발간되기까지의 경위와 함께 이 책의 저자 하마다 코사쿠가 일본 고고학과 조선의 식민지 고고학의 역사에서 어떠한 인물인가를 간략하게나마 기술하여 독자의 이해를 돕고자 한다.

『考古學入門』의 발간 경위

이 책이『考古學入門』(創元社 : 오사카, 1941년)이라는 제목으로 발간된 해는 1941년이고, 저자는 하마다 세이료(濱田靑陵)이다. 참고로 하마다 세이료는 하마다 코사쿠의 호이다. 이 책은 본래 1929년에 하마다가 집필했던『박물관』(『일본아동문고(日本兒童文庫)』, 아루스사)의 제목을 바꾸어 창원사(創元社)에서 재출간된 것이다. 하마다 코사쿠가 1938년에 세상을 뜬 후 1940년에 유족이 창원사로부터『고고학입문』으로 제목을 바꾸어『창원선서(創元選書)』제1편으로서 발간하고 싶다는 말을 듣게 된다. 왜냐하면 출판사에서는 "평생 일본고고학의 기초를 다지기" 위해 노력해 온 하마다 코사쿠의 이 책에 대해 "고고학의 일반을 가장 쉽게 알 수 있도록 쓴 훌륭한 것"이라는 평가하였기 때문이다. 출판사의 예측이 맞았는지 이 책은 1941년 10월에 발행했는데 그 해 12월에 52판을 기록했다. 2개월만에 이 책은 그렇게 팔렸다. 역자는 52판의『고고학입문』을 가지고 있다. 이 책이 당시 독자들의 갈증을 얼마나 많이 해소시켜주었는가를 알 수 있다. 이 책은 1922년에 발간된 이래 오늘날에도 고고학의 지침서로서 일본 내외에서 널리 읽히고 있다는『통론고고학(通論考古學)』(대등각大鐙閣 : 동경)에 이은 두 번째 그의 저술이다. 이 두 책 간 큰 차이는 독자의 대상이 달라서 내용뿐만 아니라 문체가 다르다는 점이다. 이 책은 1922년 그의 저서와는 다르게 일반 독자를 대상으로 이해를 구하기 위해 평서체를 채택하고 있다.

하마다가 『통론고고학(通論考古學)』의 "제3편 발굴조사의 항은 런던대학 교수 페트리 박사의 『고고학의 연구법과 그 목적』에 의한 것이 가장 많다"(「자서」)라고 고백할 정도로 영국 유학이 하마다에게 끼친 영향은 컸다. 참고로 하마다가 언급한 페트리(W. M. Flinders Petrie) 박사의 『고고학의 연구법과 그 목적』은 1904년에 Macmillan Co.에서 발간된 *Methods & Aims in Archaeology*을 가리킨다. 하마다에게 영국 유학 중 가장 큰 영향을 끼친 페트리에 대해서는 후술하기로 한다.

『통론고고학(通論考古學)』이 고고학을 공부하려는 학도들을 대상으로 저술되었다면 『박물관』(후에 『考古學入門』)에는 일반인을 대상으로 평이하게 박물관의 전시를 둘러보면서 고고학을 널리 이해시키려는 하마다의 의도가 짙게 묻어 있다. 하마다가 『박물관』의 <시작하는 말>에서 박물관이라고 해도 "미술고고박물관도 있고 과학박물관도 있고 그 외 여러 박물관이 있기 때문에 그것을 하나하나 설명하려면 백과의 학문을 강론하여 풀이하는 것이 되어 나로서는 그것은 할 수 없을 뿐만 아니라 한 권의 책으로는 도저히 담을 수 없습니다. 그러나 다행히 미술이나 자연과학에 관한 이야기는 따로 여러 선생이 책을 쓴 것을 생각하여 나는 박물관 가운데 고고박물관에 관한 것만 쓰기로 하고 이 책으로 젊은이들에게 고고학의 대략적인 것을 이야기하기로 하였습니다"라 하여 『박물관』은 엄밀히 말하면 고고박물관에 관한 하마다의 이야기를 담은 것이다. 역자는 『박물관』에서 『고고학입문』으로 재탄생된 경위를 고려하여 이 번역서의 제목을 『일본 고고박물관 개론』이라고 붙이기로 하였다. 그럼으로써 이 책의 성격을 제목을 통해서 하마다가 처음에 의도했던 출간 목적을 분명히 드러내고 싶었다.

하마다에게 학문적으로 영향을 끼친 페트리는 누구인가

페트리는 "이집트학(Egyptology)의 아버지"로 불린다. 그는 런던대학의 이집트학 초대 교수를 지냈다. 일본의 고고학사를 아주 거칠게 들여다보기로 한다. 명치유신 이전 에도막부 시기에 고고학의 '전사' 이전에 석촉을 화살의 근석(根石)이라고 생각했다든지 하늘의 신군(神軍)이 쏜 것이 땅에 떨어진 것이라고 간주했다든지 이변이 나타날 징조로 보아 불법을 열고 신에게 폐물을 바쳤다든지 돌칼에 대해 천구(天狗)의 젓가락, 돌도끼를 번개 돌도끼, 돌봉을 번개의 채 등으로 이해하였다. 우리의 경우도 서구에서도 고고학에 대해 눈을 뜨기 이전에는 돌화살이나 돌도끼 등에 대해 인간이 사용한 것이라는 시각·관점이 없었다. 그러나 그것들에 대해 교묘하게 생긴 '자연물'이라는 생각은 있었다.

일본 문화재보호법(1950년 제정)의 단초라고 말할 수 있는 「고기구물보존방(古器舊物保存方)」이 1871년에 제정된 이래 서구의 archaeology를 고물학으로 이해하였다가 모스 등 정부고용외국인교사들에 의하여 '고고학'으로 번역된 후 1894년에 고고학회는 인류학회보다 약 10여 년 뒤늦게 창립되었다. 대학 내 관련 교실이나 강좌가 설치된 것도 그로부터 20여 년이 지난 1916년이었다. 인류학교실은 1892년 10월에 동경제국대학의 이과대학에 설립되었으나 고고학교실은 1916년에 이르러서야 교토제국대학에 설치되었다. 근대 일본의 탄생과 함께 명치정부에게 요구되었던 것은 일본 민족의 '창출'이었다. 이를 위해서는 역사 외에 인종·민족의 문제를 연구하는 관련 학과와 학회의 창립이 시급하였다. 그러한 시대적 요구에 부합하기 위하여 동경제국대학 안에 인류학교실이 설립되었고 그 후 1884년에 인류학회가 창립되었다. 일본의 인류학은 타문화 연구를 목적으로 하는 인류학의 일반적 목적과는 다르게 일본 내 인종과 문화에 대한 조사와 연구에 착수하던 중 일제의 식민지 확보에 따라 대만과 조

페트리

선에 대한 인류학적 조사와 연구로 활동의 폭을 넓혀 나갔다.

페트리(W. M. Flinders Petrie, 1853~1942), 하마다 코사쿠(1881~1938)는 각각 영국과 일본의 고고학자로서의 삶을 어떻게 영위하였는가. 우선 페트리의 삶을 간략하게 소개하면서 하마다에게 고고학적으로 끼친 그의 영향도 언급하고자 한다.

그의 조부 매튜 플린더스(Matthew Flinders)는 오스트레일리아 해안을 최초로 지도로 표시한 항해사였고 그의 부친 윌리엄 페트리(William Petrie)는 공학자로서 측량과 기하학에 조예가 깊었다. 이렇게 측량과 관련한 과학자 가문의 환경 하에서 그는 어린 시절에 오래되고 보기 드문 동전에 관심이 많아 그것을 수집하기도 하였다. 그는 정규적인 교육과정을 밟지 않고 독학을 하였는데, 특히 그는 부친의 영향으로 고고학에 눈을 뜨게 되었다.

그는 1874년에 부친을 따라 아직도 역사적 실체를 알 수 없어 천문 또는 신앙 등과 관련지어 연구되고 있는 스톤헨지(Stonehenge)를 현지에가서 정밀 조사를 하였다. 또 '피라미드 인치'를 사용하여 신의 감독 하에 대 피라미드가 건설되었다는 이론을 개발한 찰스 피아치 스미스(C. Piazzi Smyth)의 *Our Inheritance in the Great Pyramid*를 읽고 고대 이집트에 관심을 가지게 된 그는 1880년 그의 나이 26세 때는 부친과 함께 이집트의 기자(Giza)에 있는 대(大)피라미드를 기존의 팔꿈치 측정(가운데 손가락 끝에서 팔꿈치까지의 길이)에서 벗어나 과학적으로 정밀측정을 시도하여 1883년에 그 성과를 *The Pyramids and Temples of Gizeh*라는 저술로 발간하기도 했다.

그는 1883년에 나일강 삼각주의 타니스(Tanis, 현재의 산 엘하가르 San el-Hagar)에서의 발굴을 시작으로 카이로 남서쪽의 파이윰(Faiyum) 지역의 하와라(Hawara)에서 로마의 고분을 발견하고 여기에서 색칠이 된 목 마스크를 한 여러 미라를 발견하였다. 그는 또 그 지역의 일라훈(Illahun)에서 피라미드 인부들을 위해 지었다는 1천 800기의 집을 발굴하였고 나가다(Nagada) 지역의 서쪽에 가까운 튀케(Tukh) 유적에서는 수백 기의 선사시대 무덤을 발굴하면서 무덤별로 출토된 토기의 형식을 구명하고 이를 토대로 무덤의 계기를 배열하였다. 1892년 4월에 그는 대학의 학위도 없이 런던대학(University College London)의 이집트학 초대교수로 임용되어 1933년까지 재직하였다. 그 후 그는 룩소르(Luxor)를 비롯하여 쿠르나(Qurna), 데샤샤(Deshasha), 덴드라(Dendera) 등의 지역에서 왕들의 무덤들을 발굴하여 이집트의 초기 역사를 밝혀냈다. 1894년에만 그는 2천기의 무덤을 발굴했다. 그는 기존에 보물만을 주로 찾아 나섰던 유사 고고학자들과는 달리 땅 속에서 출토된 토기의 파편까지도 주목하여 지층에 따른 토기의 형태와 문양 등을 고려하여 연대측정법으로서 계기연대와 교차연대를 창안하였다. 그는 1904년에 *Methods & Aims in Archaeology*를 발간하였고 이 책은 목차만 보더라도 20세기 초 영국 고고학의 주제들을 엿볼 수 있다. 발굴, 식별, 발굴종사자, 작업 정리, 현장 기록, 탁본, 모사, 사진촬영, 보존, 포장, 발간, 체계적인 고고학, 고고학적 증거, 고고학의 윤리가 그것들이다. 이렇게 영국에서 근대 고고학적 토대를 구축하는 데 중요한 역할을 하고 있던 페트리가 일본의 교토제국대학의 하마다를 1913년에 만나게 되었고 당시 일본 국내에서는 법적으로 금지되어 있던 고분 발굴에 관한 지식이나 고분에서 출토된 토기의 분류를 통한 연대 측정 등 고고학 전반에 걸쳐서 학적 교류를 하게 되었다.

페트리의 영향을 크게 받은 하마다 코사쿠는 누구인가

하마다 코사쿠는 오사카 남부의 현재 기시와다시(岸和田市)의 키시기쵸(岸城町)라는 곳에서 기시와다번(藩)의 상급번사(上級藩士)였던 부친의 장남으로 태어났다. 그런데 하마다 코사쿠가 오사카심상(尋常)중학교에 입학했다가 어떤 이유인지는 알 수 없으나 퇴교처분을 당했다. 1890년대에 퇴교처분을 당한 것으로 보아서는 아마 그가 교칙을 어긴 것이 아니었을까 라고 추정은 할 수 있다. 대일본제국헌법이 1889년에 공포되었고 그 다음 해 교육칙어(敎育勅語)가 각 학교로 내려져 교육칙어 낭독과 함께 머리를 숙여 최경례를 해야 했는데 아마도 우치무라 간죠(內村鑑三)와 같이 혹시 최경례를 하지 않아 불경죄(不敬罪)로 퇴교처분을 당하지 않았을까. 아무튼 그 이유가 매우 궁금하나 언젠가 그에 관한 자료를 보다보면 그 이유를 구체적으로 알게 될 것으로 기대해 본다. 퇴교처분을 당한 후 그는 도쿄부의 와세다중학교(早稲田中学校)로 학교를 옮겼고 제3고등학교(현재의 교토대학 종합인문학부)를 거쳐 동경제국대학에 입학하였다. 전공에 대해서는 뒤에서 언급할 사이토 타다시(齋藤忠, 1908~2013)의 『일본고고학인물사전』(학생사, 2006)에서는 서양사학을 전공했다고 기술하고 있으나 위키패디아에서는 미술사를 전공했다고 적고 있다. 그는 1902년에 동경제국대학에 입학하여 1905년에 졸업하였다. 졸업논문은 「希臘的美術の東漸を論ず」(그리스 미술의 동점을 논한다)였던 점에서 보면 그는 서양미술사에 심취되어 있었나.

하마다는 1909년 28세 때 교토제국대학 강사로 채용되어 일본미술사와 고고학을 강의했고 1913년에 교토제국대학 조교수로 승진되던 해에 문부성장학비로 유럽에 유학하였다. 그는 유학 중에 주로 영국에 머물면서 런던대학의 패트리(W. M. Flinders Petrie, 1853~1942) 교수로부터 고고학의 지도를 받아 고고학의 기본을 익혔다. 그가 유학을 마치고 교토제국대학에 다시 돌아온 것은 1916년 3월이었고 그 해 9월에 신설된 고고학교실의 초대 주임교수가 되었다. 그는 1918년에는 문학박사 학위를 동경제국대학으로부터 획득하였다.

하마다는 1922년부터 조선고적조사위원으로서 세상을 뜨기 한 해 전 1937년까지 한 해도 거르지 않고 조선 고적조사와 발굴에 종사하였다. 또 그는 1915년 9월에 경복궁에서 열린 조선물산공진회의 미술관(본관, 설계자 불명)의 명칭을 바꾸어 같은 해 12월 1일에 개관한 조선총독부박물관의 운영을 위해 설치된 박물관협의회의 협의원을 1923년부터 1926년 한 해는 쉬고 1937년까지 지냈으며 1933년 8월에 「조선총독부보물고적명승천연기념물보존령」의 제정과 함께 조선총독부보물고적명승천연기념물보존회의 설립에 따라 1934년부터 1937년까지 동 보존회 임원으로도 활동하였다. 하마다는 조선의 고적조사와 발굴사업에 참여하기 한 해 전 1922년에 『통론고고학(通論考古学)』을, 1929년에 『박물관(博物館)』(이후 『고고학입문』으로 제목을 바꾸어 재출간)을 발간하고 있었다. 하마다는 『통론고고학(通論考古學)』에서 패트리 교수로부터 큰 영향을 받았다는 것을 다음과 같이 밝히고 있다.

제3편 발굴조사는 런던대학의 패트리 박사의 『고고학의 연구법과 그 목적』에 의한 것이 가장 많다. 런던 유학 중 그 연구와 교류에서 선생님 및 부인의 후의에 힘입은 것이 매우 많은 것을 생각할 때마다 선생의 저서를 참고하는 일이 많은 것을 여기에 밝히는 것을 흔쾌히 여길 뿐만 아니라 특히 이

책을 출간할 때 선생님이 그 사진·도화(圖畵)를 자유롭게 사용하도록 허락해 주신 후의에 감사의 뜻을 표한다. 「자서」의 일부

하마다 코사쿠가 위에서 언급한 패트리 교수의 『고고학의 연구법과 그 목적』은 다름 아니라 Methods and Aims in Archaeology(Macmillan Co., 1904)를 가리킨다.

조선총독부박물관 개관 이후 1916년부터 고적조사 5개년 계획을 세우고 일반조사와 특별조사로 구분하고 후자의 목적은 바로 박물관의 진열 유물을 확보하는 데에 있었다. 하마다는 1916년 영국유학으로부터 돌아온 후 우메하라 스에치(梅原末治)와 함께 1918년 9월 25일부터 10월 27일까지 그들이 주장하는 임나일본부(任那日本府)와 관련한 성주군 성산동 1·2·6호분, 고령군 지산동 1·2·3호분, 창녕군 교동 21·31호분, 그리고 충남 부여 등을 조사했다. 하마다는 영국유학 중 페트리 등으로부터 배운 고적발굴의 원칙·절차를 당시 조선에서 진행되고 있던 고적발굴 현장에 적용하는 데에는 한계가 있음을 뼈저리게 느꼈을 것이다. 조직과 예산, 일정 등의 측면에서 유구의 확인과 유물 수집, 복구의 과정만을 하루 또는 이틀에 처리하지 않으면 안 되는

페트리의 저술(1904년)

상황에 대해 하마다는 어떤 생각을 했을까. 이 점은 궁금하지만 그 답을 아직 얻지 못하고 있다.

　하마다는 우메하라와 함께 1920년 9월에는 김해 회현리 패총을 발굴하였고 1921년 9월에는 경주 노서리에서 우연히 금관총을 경남 양산의 패총 시굴 조사를 하던 중에 발견되었다. 하마다 등이 현장에 도착했을 때는 금관총 출토 유물들이 경찰서로 옮겨진 후였다. 금관총 발굴은 한국고고학사상 졸속의 발굴로 평가되고 있다. 하마다는 그에 대한 후속 조사에 종사하였으나 발굴과 기록에 관여하지 않았기에 어려움이 많았다. 하마다의 책임 하에 우메하라와 이후에 평양부립박물관 초대 관장이 되는 고이즈미 아키오(小泉顯夫)에 의하여 1924년 5월에 보고서 상(上)책이 발행되었다. 하마다는 1932년에 보고서의 본문 하(下)책의 일부 내용을 기반으로 재단법인 경주고적보존회의 지원으로 『경주의 금관총』을 발간했다. 일제의 대륙 침략을 위한 전쟁의 수행으로 고적발굴사업을 지속적으로 추진할 수 없게 된 상황에서 조선총독부의 외곽단체로서 조선고적연구회가 1931년 8월에 조직되었다. 정무총감을 이사장으로 하고 그 밑에 이사, 감사, 평의원, 간사로 그 조직이 구성되었는데 하마다는 이사로 활동하였고 하마다는 우메하라와 함께 일본학술진흥회로부터 재정 지원을 받아 1933년에 평양 대동강 정백리 제219 · 221 · 227호분을 조사하였고 이 가운데 정백리 제227호분의 출토유물은 도쿄국립박물관에 소장되어 있다. 1935년에는 하마다와 우메하라는 고구려 고분과 관련하여 조사를 하였고 그 다음 해부터는 고구려 유적 발굴조사를 하였다. 이상이 하마다가 1922년부터 1935년까지 조선에서 행한 고적조사 · 발굴 활동의 대요이다.

　하마다는 1922년에 출간한 『通論考古学』에서 "고고학은 과거 인류의 물질적 유물을 연구하는 학문"으로 정의했고 이 책은 일본에서 고고학의 교과서로서 일본 고고학의 수준을 높인 것으로 평가를 받고 있다. 1937년에는 교토제국대학 총장에 취임했다. 그런데 1938년 봄 이후 건강이 나빠져 병원에 입원하던 중에 그 해 6월에 의학부 기요노 켄지(淸野謙次, 1885~1955) 교수의 절도 사건으로 총장으로서의 책임을 지고 7월 상순에 총장 자리에서 물러나게 된다. 하마다 총장의 사임까지 불러온 기요노 켄지의 절도사건은 무엇인가. 교토제국대학 의학부 출신으로 1912년부터 1914년까지 독일의 프라이부르크(Freiburg) 대학에 유학하여 교수 밑에서 생체염색의 연구를 하였고 1914년에 조직구성(球性) 세포를 발견하여 귀국 후 강사를 거쳐 1916년에 같은 대학의 미생물교실의 교수가 되어 교토제국대학 의학부 '3명의 수재' 중 한 사람으로 알려질 정도였던 기요노 켄지는 평소에 수집벽이 강하여 교수의 지위를 이용하여 교토의 고(古)사찰 등을 자유롭게 출입하면서 경전을 열람하기도 하였다. 그런데 1938년 6월 30일에 그는 그를 수상하게 여기던 신호사(神護寺) 측의 신고로 집으로 돌아가던 중 심문을 당하였고 가방에서 경전 수 십 점이 발견되어 현장에서 체포되었다. 조사과정에서 교토 시내의 22개 사찰에서 경전 630권, 특히 교수 연구실에서 1,360점의 무단 대출이 발견되었고 그 가운데에는 이미 표구가 되어 출처가 불명한 상태였다. 그는 징역 2년 집행유예 5년의 유죄판결을 받고 교토제국대학의 교수직에서 면직되었을 뿐만 아니라 교토형부소에 수감되었다. 하마다도 총장직 사의를 표명했다. 다음 총장 선거 중 문부성에 의한 총장선거 중지 명령 후 그 해 7월 25일에 병환으로 세상을 뜨게 된다. 교토제국대학에서는 대학 역사상 처음으로 그의 장례식을 학교장(學校葬)으로 치렀다. 기시와다시(岸和田市)와 아사히(朝日)신문사가 함께 그의 공적을 기리기 위해 고고학·역사·미술 등의 연구에 뛰어난 공석을 남긴 인물에게 수여되는 하마다세료상(濱田靑陵賞)을 제정하여 1988년부터 운영하고 있다. 한국고고학 연구자로서는 교토대학 요시이 히데오(吉井秀夫) 교수가 2014년에 이 상을 받았다.

  역자가 이 책의 번역을 결심한 이유는 영국의 런던대학에 유학하여 '이집트 고고학의 아버지' 페트리의 지도를 받은 하마다 코사쿠가 1920년대 세계의 주요 박물관뿐만 아니라 일본의 고고학 상황을 어떠한 시각과 관점에서 바라보고 있었는가를 통해 일본 고고학사의 단면을 엿볼 수 있을 것으로 생각했기 때문이다. 그렇다고 하여 이 책이 일본의 1920년대 고고학사를 완벽하게 전달하고 있다고는 말할 수 없다. 왜냐 하면 이 책은 일반 대중에게 고고학을 알리기 위한 목적에서 집필되었기 때문이다. 하마다가 1922년에 발간한 『통론고고학』이 전문가를 위한 것이었다고 한다면 이 책은 일반인을 위한 일본 고고학에 관한 교양서이다. 교육정책·독서 양식의 변화로 활자화된 책보다는 시각 영상이 전달하는 메시지가 강렬한 영향력을 발휘하고 있는 오늘의 상황 앞에서 이러한 책의 출간을 선뜻 허락해 준 김선경 사장님의 사명 의식을 존중하며 그에 깊은 감사의 마음을 전한다. 또 디자인과 편집을 깔끔하게 해 주신 편집자에게도 고마움을 표하고 싶다.

2025. 3. 16
역사 앞 야누스(Janus)를 마주하며 여러 생각에 잠긴다.

찾아보기

-인명-

1. 일본인

가모우 쿤페이(蒲生君平) 103, 106
가타야마 토쿠마(片山東熊) 16
고가네이 요시키요(小金井良精) 65
고이즈미 아키오(小泉顯夫) 149
기노우치 세끼테이(木內石亭) 62
노미노스쿠네(野見宿禰) 94
도리이 류조(鳥居龍藏) 65
마치다 히사나리(町田久成) 10, 18
사이또 타다시(齋藤忠) 146
시라이 미츠타로(白井光太郎) 65
아라이 하쿠세끼(新井白石) 62
오타니 코즈(大谷光瑞) 15
요시이 히데오(吉井秀夫) 151
우메하라 스에치(梅原末治) 148
우치무라 간죠(內村鑑三) 146
츠보이 쇼고로(坪井正五郎) 64, 65
하마다 세이료(濱田靑陵) 141
후쿠자와 유기치(福澤諭吉) 4

2. 외국인

고우랜드(W. Gowland) 104
드보아(Eugene Dubois) 34
러복(Sir John Lubbock) 39
마크롱(E. Macron) 22
모르티예(G&A De Mortillet) 138
모스(E. S. Morse) 63, 64, 65
보타(Paul-Emile Bota) 22
사무엘 랭글리(Samuel P. Langley) 28
사우투올라(Sanz de Sautuola) 44, 45
샹폴리옹(J. F. Champollian) 19
시볼트(P. Franz Von Siebold) 62

아가시(J. L. R. Agassiz) 63
엘긴(Sir Elgin) 19
엘리아스 애쉬몰(E. Ashmole) 17
오스틴 레이어드(A. H. Layard) 22
월사에(J.J.A. Worsaae) 39
이오 밍 페이(I. M. Pei) 23
제임스 스미손(James Smithson) 19
찰스 도슨(Charles Dawson) 35
켈러(Ferdinand Keller) 49
콘더(J. Condor) 16
타일러(E. Tylor) 65
톰젠(C. J. Thomsen) 39
트레데스칸트(John Tradescant) 17
페트리(W. M. Flinders Petrie) 26, 55, 79, 140, 142, 144, 147
피에르 레스코(Pierre Lescot) 22
피에르 프랑수아 부샤르(Pierre-François Bouchard) 18
하셀리우스(A. Hazelius) 29
한스 슬론(Sir Hans Sloane) 17, 19
호워드 카터(Howard Carter) 26

-일반사항-

ㄱ

갑주(甲冑) 113, 116
거석기념물 53, 56, 57, 128
거총(車塚) 91, 104
경도제국대학 138
경주고적보존회 149
경총(經塚) 113
계기연대 79
고경(古鏡) 110, 112
고고학회 143
고기구물보존방(古器舊物保存方) 143
고배(高坏) 81, 119
고분(古墳) 90, 110, 118, 128, 129
고인돌 128
고총(高塚) 90
골각기 69, 74, 76
관옥(管玉) 108
관자총(罐子塚) 91
교육칙어(敎育勅語) 146
교차연대 79
교창(校倉) 122
교토제국대학 143, 145, 146, 150
교토제실박물관 11
구박물관(Altes Museum) 23
구옥(勾玉) 74, 107, 108, 109, 128
국립고고학박물관 23
국립교토박물관 16
국립나라박물관 16
국립도쿄박물관 16
국립이집트고고학박물관 26

국립큐슈(九州)박물관 16
궁내성(宮內省) 16
금관총(金冠塚) 129, 131, 149
금속병용기(金屬倂用期) 40, 86
기요노 켄지(淸野謙次) 150

ㄴ

나라제실박물관 14
내국권업박람회 65
내선관계특별전(內鮮關係特別展) 14
농상무성 16

ㄷ

다구총(茶臼塚) 91
대영박물관 17
도관(陶棺) 100
도르도뉴(Dordogne) 36, 44
도전(刀錢) 85
돌검 82
돌도끼 82
돌멘(Dolman) 55, 56, 57, 100
돌송곳 75
돌화살촉 32
동검 88
동경인류학회 64
동경제국대학 64, 143, 146
동모(銅鉾) 86, 88

동탁(銅鐸) 85, 87, 88
동화(銅貨) 86
드레스덴 회화박물관 24
디트로이트어린이박물관 28

ㄹ

라 테네(La Tene) 59
런던세계박람회 20
로제타 스톤 18, 19
루브르박물관 19, 21, 22, 23, 24
류쿠(琉球) 84

ㅁ

마델레엔(Madeleine) 42
마제석부(磨製石斧) 71
마탁(馬鐸) 117
맨힐(Menhir) 57
메트로폴리탄미술관 27
메트로폴리탄박물관 26, 28
몬테규하우스(Montagu House) 18
몰타(Malta) 57
무스티어(Moustier) 42
문부성박람회 10
문부성박물관(文部省博物館) 10
물산회(物産會) 62
민속박물관 29

ㅂ

바티칸박물관 25
박물관주간(博物館週間) 14
배총(陪塚) 105
백혈(百穴) 102
법륭사 125
베냉왕국 22
베닌(Benin) 왕국 22
베를린박물관 24
벽옥(碧玉) 107
보데박물관(Bode-Museum) 23
보스턴미술관 27
보스턴어린이박물관 28
봉황대 129
브루클린어린이박물관(Brooklyn Children's Museum) 28
비죤 43, 44
빅토리아 앨버트박물관 20

ㅅ

사우스 켄싱톤박물관 20
산릉지(山陵志) 103
삼한정벌(三韓征伐) 134
샹 제르망 박물관 23
서양사정(西洋事情) 4
석검(石劍) 42
석마(石馬) 97

석명(石皿) 74
석봉(石棒) 73
석비 90
석시(石匙) 73
석인(石人) 97
석쟁(石鎗) 73
석착(石鑿) 71
석창(石槍) 41
석촉 72, 73
석포정(石庖丁) 42, 80, 82
세계박물관협의회(ICOM) 19, 22
세유(Chelles) 41
솔류트레(Solutre) 42
수정궁(crystal palace) 20
순사(殉死) 93
스모 94
스칸센야외박물관 29
스톤헨지(stonehenge) 54, 55, 144
시뎀함(Sydenham) 20
시이츠카(椎塚) 패총 75
시카고미술관 27
신공황후(神功皇后) 134
신박물관(Neues Museum) 23

ㅇ

아슐(Acheul) 41
아이누 62, 65

아이누족 65
알타미라 동굴 43, 44, 45
애니미즘(animism) 65
애쉬몰리언박물관 17
애쉬몰박물관 17
야외박물관 29
야요이식 80, 83
야요이식 토기 82, 84
야요이쵸 81
야요이토기 81
어린이박물관 28
에미르타시박물관 30
엘긴 마블(Elgin Marbles) 19
여순박물관 15, 135
여순역사문화박물관(旅順歷史文化博物館) 15
오리야크(Aurignac) 46
오모리역(大森驛) 63
오모리패총 63, 65
오스트리아 빈 세계박람회 10
와사(瓦師) 126
우에노공원 18
운근지(雲根志) 62
원사(原史)시대 89
원석기(原石器) 40
유네스코(UNESCO) 19
유시마성당(湯島聖堂) 10
은사교토박물관(恩賜京都博物館) 11

이세대신궁(伊勢大神宮) 127
이와이베(祝部) 토기 118, 123, 132
이즈모대사(出雲大社) 127
익상주거(杙上住居) 49
인디애나폴리스어린이박물관 28
인류학회 143
일본서기 131
임나(任那) 128
임나일본부(任那日本府) 148

ㅈ

잔존(survival) 65
적석총(積石塚) 132
전방후원분 98, 105
전방후원총(前方後圓塚) 91
절자옥(切子玉) 108
정창원(正倉院) 113
제국박물관 10
제병(提甁) 119
제실박물관(帝室博物館) 10, 16, 139
조개묘[貝墓] 135
조선고적조사위원 147
조선물산공진회 14, 147
조선총독부박물관 14, 147
조선총독부보물고적명승천연기념물보존령 147
죠몬식 토기 81, 82, 84

주구점(周口店) 84
중석기시대(中石器時代) 47
지석(砥石) 74

ㅊ

천구(天狗) 32, 62, 73, 143
천왕사(天王寺) 11
청동 브론즈(Bronzes) 22
추석(錘石) 74

ㅋ

코로보클 65
코펜하겐국립박물관 39
크레타 섬 60
크로마뇽(Cro-Magnon) 36
크로마뇽인 37
클뤼니박물관(Musee Cluny) 23

ㅌ

타제석기 84
타제석부 72
태도(太刀) 114
태양숭배 55
토우 77, 79, 80
통론고고학(通論考古學) 137, 140, 141, 142, 147, 149
투탕카멘(Tutankhamun) 26

ㅍ

파르테논 18, 19
패총 47, 48, 66, 67, 68, 69, 117
페르가몬박물관 23
포천(布泉) 85
프리드리히제(帝) 박물관 23
피테칸트로푸스 에렉투스
 (Pithecanthropus erectus) 34
필트다운(Piltdown) 35
필트다운인 35

ㅎ

하니와(埴輪) 93, 94, 95, 96, 97, 121, 122
하마다세료상(濱田靑陵賞) 150
하이델베르크인 35, 36, 37
할슈타트(Hallstatt) 59
호모 프리미티비즘(Homo Primitivism) 36
호태왕(好太王) 134
화살촉 82
히로시마문리과대학(廣島文理科大學) 138

[참고문헌]

- C. Catling & Paul Bahn, *Archaeology : An Illustrated Encyclopedia*, Lorenz Books, 2022
- Charles River Editors, *Flinders Petrie : The Life and Legacy of the Father of Modern Egyptology*
- Brian Fagan, *A Little History of Archaeology*, Yale Univ. Press, 2018
- 富岡直人, 『歐美考古學入門』, 同成社 : 동경, 2022
- 齋藤忠, 『考古學とともに七十五年』, 學生社, 2002
- 지건길, 『한국 고고학 백년사』, 열화당, 2016
- 최석영, 『일제의 조선 「식민지고고학」과 식민지 이후』, 서강대출판부, 2015
- 최몽룡 · 최성락 편, 『인물로 본 고고학사』, 한울, 1997
- 이순자, 『일제 강점기 문화재 정책과 고적조사』, 통북아역사재단, 2021
- 일본 야후 wikipedia

• 옮긴이 _ 최석영崔錫榮

공주사범대학부속고등학교 · 공주사범대학 역사교육과 졸업(1985.2)
한국학중앙연구원 대학원(한국사) 석사과정 수료(1990.8)
일본 중부대학 대학원 석사(국제관계학 : 시역연구) 졸업(1995.3)
히로시마대학 대학원 박사과정(국제사회론 : 인류학) 졸업(1998.3). 학술박사
국립민속박물관 학예연구사(1999.11~2006.6)
단국대학교 동양학연구소 연구 조교수(2009.3~2010.5)
국립극장 공연예술박물관 관장(학예연구관, 2010.6~2022.6)
현재, 공주대학교 · 경희대학교(후마니타스) 강사

• 저서

『일제의 동화 이데올로기의 창출』, 『한국 근대의 박람회 · 박물관』, 『일제의 조선 연구와 식민지적 지식생산』
(문화체육부 선정 우수도서), 『일제 하 무속론과 식민지권력』, 『한국박물관 100년 역사 : 진단과 대안』,
『일제의 조선 「식민지고고학」과 식민지 이후』, 『영문법 원리의 비밀 캐기』(e-북)

• 공저

『문화관광과 박물관』, 『전통의 국가적 창안과 문화변용』, 『한국 근현대 100년과 민속학자』, 『交涉する東アジア』,
『博物館という裝置』, 『일제 강점기 안면도와 아소상점』(태안문화원)

• 역서

『사회인류학의 과거, 현재와 미래』, 『일본 근대 국립박물관 탄생의 드라마』, 『인류학자와 일본의 식민지통치』
(대한민국학술원 선정 우수도서), 『제국의 시선』(공역), 『일본 근대미술사 노트』, 『근대 일본 미술의 탄생』,
『식민지건축』, 『근대 일본 국가신도와 창출과 그 후』

• 읽고 쓰는 형식으로 『일본고고학사와 식민지고고학을 만나다』 외에 서구 · 일본에서의 박물관학(museum studies) 연구 저술을 대상으로 한 『박물관학 시리즈』(현재까지 9권 집필) 기타 논저 다수

일본 고고考古박물관 개론

초판발행일	2025년 4월 21일
지 은 이	하마다 코사쿠濱田耕作
옮 긴 이	최석영崔錫榮
발 행 인	김선경
책임편집	김소라
발 행 처	서경문화사
	주소 : 서울시 종로구 이화장길 70-14(204호)
	전화 : 743-8203, 8205 / 팩스 : 743-8210
	메일 : sk7438203@naver.com
신고번호	제1994-000041호
ISBN	978-89-6062-261-6　　93060

ⓒ 최석영 · 서경문화사, 2025

※ 파본은 구입처에서 교환하여 드립니다.

정가 15,000원